3506. S.t art

PRÉCIS

D'UN PROJET

D'ÉTABLISSEMENT

DU CADASTRE

DANS LE ROYAUME.

Par M. D. T. D. V.

A PARIS,

DE L'IMPRIMERIE DE CLOUSIER,
rue Saint-Jacques, vis-à-vis les Mathurins.

Et chez { PISSOT, BARROIS, le Jeune, } Libraires, Quai des Augustins.

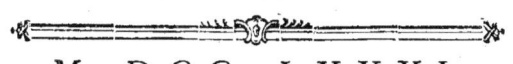

M. DCC. LXXXI.
Avec Approbation, & Privilége du Roi.

AVERTISSEMENT.

A VANT de présenter mes idées sur l'établissement du Cadastre dans le Royaume, je crois devoir rendre compte des circonstances qui me l'ont fait entreprendre en Angoumois.

Lorsque M. de Tourny fut nommé Intendant du Limousin, il trouva cette Généralité dans l'état le plus malheureux. La plupart des terres étoient abandonnées ou incultes; les Impositions arriérées depuis plus de 12 ans; la Collecte livrée dans quelques Paroisses entre les mains des Curés; l'Industrie & le Commerce anéantis; les Siéges des Elections surchargés d'une masse énorme de Procès, & les Prisons remplies de Collecteurs. A ces maux généraux, l'Election d'Angoulême en joignoit beaucoup d'autres qui lui étoient particuliers, & qui avoient fait disparoître une grande partie de ses Habitans. Ces maux étoient d'autant plus graves qu'ils partoient d'une source très-ancienne.

Charles V, par ses Lettres-Patentes de 1373, avoit accordé aux Habitans d'Angoulême l'Exemption de toutes Impositions, tant pour la Ville que pour leurs héritages de la Campagne, en considération de ce qu'ils avoient chassé les Anglois & s'étoient remis volontairement sous son obéissance. Ce même Prince ajouta à cette Exemption le Droit de faire 25 Nobles par an; savoir un Maire, 12 Echevins & 12 Pairs.

Il est aisé de sentir combien ce dernier privilége, qui a subsisté près de quatre siècles, a dû multiplier les Nobles dans cette Election. Mais le privilége général accordé à tous les Habitans, & jusqu'au dernier Citoyen de la Ville, a porté le dernier coup à cette malheureuse Province. Les Priviégiés se sont tellement répandus dans les Campagnes, qu'ils en ont presque absorbé les fonds, & que les Laboureurs, chargés seuls de la masse des Impositions, ont été obligés de quitter leurs héritages, & de chercher dans les Provinces limitrophes un asyle contre les vexations & la misère.

M. de Tourny, touché de l'état effrayant de sa Généralité, en fit la peinture la plus vive au Conseil, sollicita & obtint l'ordre d'y établir le Systême de l'Abbé de Saint-Pierre, c'est-à-dire, la Taille Tarifée. Il se livra à cette opération avec un zèle digne des plus grands éloges, mais malheureusement le succès ne répondit pas à ses espérances, & il

AVERTISSEMENT.

en réfulta au contraire une fource de nouveaux abus. Les Déclarations furent arguées de faux, le Peuple fut victime des Arpentemens & des Vérifications, les riches continuèrent à être favorifés & le pauvre à être furchargé ; enfin après deux années du travail le plus actif, M. de Tourny fut convaincu de l'infuffifance de ce Syftême.

Ce fut dans ces circonftances que témoin du chagrin de ce Magiftrat, je lui propofai le Cadaftre. Je lui développai mes idées fur cette opération, je lui en fis fentir toute l'utilité, & enfin, pour ajouter à mes principes le poids de l'expérience, je lui offris d'en faire l'effai fur telle Paroiffe qu'il m'indiqueroit. Ma propofition fut acceptée. Il choifit la Paroiffe de Montoneau & je l'opérai. M. de Tourny adreffa à M. Orry, alors Contrôleur-Général, tout mon travail (1), c'eft-à-dire le Plan géométral de cette Paroiffe, pièce par pièce, avec fes numéros, le Cadaftre avec toutes fes confrontations, le Procès-verbal avec fon eftimation, les Feuilles de relevé, & le Procès-verbal de la Taille perfonnelle.

M. Orry fut fi fatisfait de cette opération, qu'il écrivit à M. de Tourny pour lui en témoigner fon contentement, & lui fit paffer les ordres du Roi pour la faire exécuter dans fa Généralité. C'eft d'après ces ordres que j'ai opéré.

Pour juger de la révolution heureufe que le Cadaftre a produit dans l'Election d'Angouléme, il faudroit voir le Tableau de ce qu'elle étoit avant 1737. Son Agriculture, fa Population & fon Commerce lui ont donné une exiftence nouvelle, fes Priviléges abufifs font fupprimés, les Impofitions qui ne fe payoient qu'en 12 & 15 ans rentrent en 15 mois dans les coffres du Roi, & on n'y connoît plus ni Procès, ni Emprifonnemens relatifs aux Tailles.

Cependant, & je dois en convenir, cette Province n'eft heureufe que par comparaifon à l'état malheureux où elle fe trouvoit, & il s'en faut de beaucoup qu'elle jouiffe du bonheur auquel elle auroit droit de prétendre. La Généralité de Limoges eft compofée de cinq Elections, celle d'Angouléme a toujours payé le tiers de l'Impofition totale de la Généralité, fans que cette répartition ait été établie fur aucuns principes de proportion ; de forte que la Taille y eft reftée exceffive & que cette partie du Royaume n'atteindra le vrai point de fa profpérité, que lorfqu'un Cadaftre général aura établi les proportions de Généralité à Généralité.

---

(1) Ce travail doit fe trouver au Contrôle-général : j'ai fait préfent de mes Minutes à M. Pajot de Marcheval, lorfqu'il a été nommé Intendant du Dauphiné, pays Cadaftré.

PRÉCIS
D'UN PROJET
D'ÉTABLISSEMENT
DU CADASTRE
DANS LE ROYAUME.

Dans un siècle où des Citoyens zèlés se sont attachés à éclairer leur Patrie; où presque toutes les matières qui intéressent le Monarque & les Sujets ont été traitées avec le plus grand succès; j'ai vu, avec surprise, que les Impositions étoient peut être l'objet le plus important & le moins connu de l'Administration.

Je sais que plusieurs Hommes célèbres ont proposé, avant moi, divers systêmes sur les impôts; mais ou leurs projets n'ont

* A

point été exécutés, parce qu'ils étoient vicieux, ou si quelques-uns l'ont été, on les a abandonnés presque à leur naissance. Je n'ai point le mérite de ces Ecrivains, mais j'ai un avantage qui leur a manqué, une théorie soutenue d'une pratique & d'une expérience de quarante années.

LE Cadastre que je propose, n'est point un de ces systêmes réfléchis seulement & calculés au fond d'un Cabinet; c'est une opération que j'ai moi-même exécutée sous les ordres du Gouvernement, dans cent quatre-vingt Villes & Paroisses. Jaloux de remplir, avec distinction, la commission dont j'étois chargé, j'ai passé la plus belle portion de ma vie dans les Campagnes; j'ai visité toutes les Chaumières de leurs habitans; j'ai étudié avec les Laboureurs, & la nature de leurs terres, & celle des impositions qu'elles supportoient. C'est à l'école de ces hommes, qu'on regarde comme grossiers, que j'ai acquis les vrais principes de mon opération, & que je suis venu à bout de l'établir. Tout ce que j'ai dit, je l'ai fait; & l'aisance & la liberté du Peuple, d'accord avec les intérêts du Prince, ont été le résultat de mon travail.

CONTENT du bien particulier que j'ai fait, si je gardois le silence sur les moyens que j'ai mis en usage pour l'opérer, ne seroit-on pas en droit de me taxer d'une indifférence criminelle? Ne ressemblerois-je pas alors à un homme qui, ayant le secret de guérir une maladie épidémique, se borneroit à en préserver sa famille & ses amis, & abandonneroit tous les autres à la douleur & à la mort? Témoin du zèle qui anime notre jeune Monarque pour le bonheur de ses Sujets, je crois seconder sa bienfaisance, en donnant mes idées sur les moyens d'établir dans tout le Royaume, ce que j'ai si heureusement exécuté. On ne peut en effet disconvenir que ce qui s'eſt fait dans une Province ne puiſſe s'appliquer à toutes, puiſque les principes ſont abſolument les mêmes.

Parvenu à cet âge où l'homme ne doit plus ſonger qu'au repos, il ne manque à ma ſatisfaction que de pouvoir contribuer à celle de mes Concitoyens. Plus des deux tiers vivent dans une infortune qui fait gémir le Gouvernement: il n'a rien négligé pour les en tirer ; mais comment trouver le remède à des maux que le temps n'a fait que fortifier, & qui ſemblent s'être identifiés, pour ainſi dire, avec les principes même de l'Adminiſtration ? Uniquement occupé depuis 1737, de tout ce qui concerne les impôts, je ne crains pas de dire que cette ſcience m'eſt devenue familière. Toutes mes lectures, toutes mes idées ont été tournées vers cet objet ; le travail que je préſente en eſt le fruit. Il contient deux Volumes *in-folio*. Le premier traite des abus de la Taille & des moyens de les corriger par l'établiſſement du Cadaſtre: le ſecond offre le précepte joint à l'exemple, & préſente le Tableau d'une Paroiſſe toute cadaſtrée d'après les principes que je propoſe. Je n'oſe pas me flatter d'avoir donné à cet ouvrage toute la perfection dont il eſt ſuſceptible ; mais il ſervira peut-être à exciter le zèle de mes Lecteurs. Il s'en trouvera qui, guidés par le même eſprit qui m'anime, mais doués d'un génie plus heureux, mettront la dernière main à mes eſſais. Il en réſultera le bonheur de ma patrie, c'eſt le terme de mes vœux, & la ſeule récompenſe que j'ambitionne.

Les impoſitions ont pris naiſſance avec les Gouvernemens. Auſſi-tôt qu'il y a eu des Souverains à la tête des Peuples, il a fallu des impôts pour les mettre en état de maintenir la paix au-dedans de leurs Royaumes, & de repouſſer au-dehors les inſultes de leurs ennemis. Chaque Citoyen participe au bien commun de l'Etat dans lequel il vit ; il doit donc contribuer à ſes charges par le ſacrifice d'une partie de ſa fortune, & nul ne doit en être exempt.

Mais ſi telle eſt l'obligation des Sujets, les Princes à leur tour ſe font un devoir de les chérir, & d'éviter de les faire gémir ſous des impoſitions trop accablantes. Pour que l'harmonie règne, il faut que les taxes ſoient proportionnées aux beſoins de l'Etat, & calculées ſur les facultés des Peuples. De cet accord naît le bonheur de tous. Le Citoyen, en donnant une portion de ſon bien, s'aſſure la conſervation du reſte, & acquiert des droits à la protection du Gouvernement.

Toute la théorie des impôts roule ſur ces deux points : les aſſeoir avec juſtice & égalité, les percevoir aux moindres frais poſſibles. L'opération qui remplit l'un & l'autre objet s'appelle Cadaſtre, & c'eſt ſon établiſſement que je propoſe (1).

A ce mot de Cadaſtre, je crois déja entendre toutes les exclamations de la ſurpriſe. Perſonne ne pourra en nier l'utilité ; mais les uns ne concevront pas comment un particulier a pu réunir toutes les connoiſſances néceſſaires à un travail auſſi étendu ; & d'autres, qui craindront que le Cadaſtre ne nuiſe à leurs intérêts, lui oppoſeront la réſiſtance la plus invincible. Ils objecteront les frais qu'il occaſionnera, le temps qu'il faudra pour l'établir, les difficultés ſans nombre qu'il rencontrera ; enfin, le danger de donner à une machine auſſi lourde & auſſi compliquée que celle de l'Etat, une ſecouſſe trop vive

---

(1). Les Cadaſtres ſubſiſtoient du temps des Romains. L'Evêque de Poitiers repréſente au Roi Childebert, que les Cadaſtres du Poitou, compoſés ſous Sigebert, avoient beſoin d'être rectifiés. Ce qui fut fait & le peuple fut foulagé. *Hiſtoire de France de M. Moreau, troiſième Volume, page 282.*

& trop générale. Je crois avoir répondu d'une manière satisfaisante à toutes ces objections, & n'avoir rien laissé à desirer dans le Tableau que présente mon Ouvrage. Cependant si, dans l'immensité d'une semblable opération, il m'étoit échappé quelqu'erreur ou quelque omission, je recevrai avec docilité & avec plaisir les instructions qu'on voudra bien me donner.

Les abus, qui ont régné de tous les temps dans l'assiette & dans la perception des impositions, ont révolté nos Souverains dans tous les âges de la Monarchie. De règne en règne, on a vu paroître une foule de Règlemens pour les corriger : tout a été inutile ; le mal a gagné jusqu'à nous, & passera sans doute à nos derniers neveux, si on ne l'arrête dans son cours. Persuadé que le Cadastre pouvoit seul y apporter un remède efficace, le Conseil n'a rien négligé pour l'établir. Il a rendu pour cet effet nombre d'Arrêts, mais devenus presque tous inutiles (1). Enfin, par son Edit du 21 Novembre 1763, le feu Roi a invité les Parlemens, Chambres des Comptes, Cours des Aides, & tous les Corps de la Monarchie à lui proposer leurs lumières sur un objet aussi important. C'est cet Edit qui fait mon titre ; c'est pour satisfaire à cette Loi du Prince, & aux autres Règlemens qui ordonnent le Cadastre, que je présente mes idées sur cette matière.

Si j'annonçois une opération inconnue, impraticable, dangereuse dans son exécution ou dans ses effets, sans doute je

---

(1) Pourquoi les intentions si louables du Gouvernement n'ont-elles pas réussi ? C'est qu'il en est des Règlemens pour l'Administration, comme de tous les autres ouvrages des hommes : leur perfection dépend d'une suite de connoissances & d'expériences qui ne s'acquièrent que par un enchaînement d'observations ; c'est parce que l'on n'apperçoit que successivement des objets qu'il faudroit embrasser tous à la fois.

ne mériterois aucune confiance ; mais celle que je propose existe depuis plus de deux siècles dans la Provence, le Languedoc, & le Dauphiné. Moi-même je l'ai exécutée, comme je l'ai déja dit, dans cent quatre-vingt Paroisses, & c'est le bien qu'elle a produit, qui me fait desirer de la voir étendre sur tout le Royaume ses effets avantageux. Oui, je ne crains pas de le dire, le Cadastre remplit seul tout ce que la sagesse & la justice du Prince peuvent desirer dans l'assiette des impositions : c'est par lui seul qu'on rendra au bonheur une infinité de malheureux qui gémissent sous la tyrannie de la taille arbitraire, & qu'on fera disparoître les abus qui ruinent & désolent les Provinces.

Mais tandis que dans une des Provinces de la France, de pauvres Laboureurs, des orphelins, des veuves, bénissent mon travail, moi seul, peut-être, je ne suis pas satisfait de mes anciennes opérations ; & je sens qu'il s'en faut de beaucoup qu'elles aient eu dans le temps le degré de perfection que je leur donne aujourd'hui. Lorsque j'ai entrepris d'établir le Cadastre, j'ai eu à lutter sans cesse contre des Règlemens qui gênoient mon opération. Contrarié par des usages qui avoient acquis force de loi ; incertain sur la réussite d'un projet dont la perfection étoit regardée comme presque impossible ; ayant à combattre les préjugés, les riches, & les gens puissans (1); voyant renaître mille difficultés quand j'en avois surmonté une ; enfin, entouré de tous les désagrémens possibles : telle a été ma position dans mon entreprise première.

_____

(1) Les difficultés & les persécutions que j'ai éprouvées passent toute croyance. A chaque mutation d'Intendant, tous les particuliers dont mon opération blessoit les intérêts, se réunissoient pour présenter contre mon travail les Mémoires les plus calomnieux ; pour les confondre, je ne leur ai opposé que ce même travail.

AUJOURD'HUI, instruit par l'expérience du passé, & par quarante années du travail le plus assidu, je propose ce qui doit être, ce qui me paroît fait pour être adopté. Si l'Administration accepte mon Plan, toutes les difficultés s'appaniront, les préjugés se tairont, les cabales s'anéantiront. Si le Roi, après avoir fait examiner sévérement mon projet, & s'être pleinement convaincu qu'il fera le bonheur de ses Sujets, daigne en ordonner l'exécution ; en sa qualité de Législateur, il anéantira cette foule de Règlemens, qui gêneroient l'entreprise & en empêcheroient le succès.

L'OUVRAGE que j'ai fait, contient, comme je l'ai déja annoncé, deux Volumes *in-folio*. Il n'est aussi considérable, que parce que j'y ai réuni tout ce qui concerne la Taille, son origine, & ses abus, tant dans son assiette que dans sa perception. J'y ai mis dans le plus grand jour tout ce qui a été entrepris pour les corriger : j'ai rapporté tous les systêmes proposés avant moi, & j'en ai dévoilé les dangers : je suis entré dans le plus grand détail sur les Cadastres de la Provence, du Languedoc & du Dauphiné, & je crois en avoir démontré l'insuffisance : enfin, passant à ma propre opération, je l'ai exposée dans le plus grand détail : je l'ai suivie dans toutes ses branches : j'ai dit tout ce qu'il falloit faire, & comment il falloit le faire : & pour ne rien laisser à desirer sur une matière de cette importance, j'ai rapporté & figuré l'opération entière d'une Paroisse toute cadastrée. On y verra sa Carte géométrale, son Procès-verbal, ses Feuilles de relevé, le Procès-verbal de la Taille personnelle, le canevas & le Rôle des impositions ; & pour ne rien omettre, j'y ai ajouté deux Tarifs, l'un pour la répartition du revenu des immeubles, & l'autre pour faciliter la répartition des impositions d'après les revenus de ces mêmes immeubles.

On conçoit aifément les frais immenfes qu'un ouvrage auffi volumineux ne pourroit manquer d'occafionner en le livrant à l'impreffion : mais comme je fuis perfuadé qu'il contient des principes qui peuvent rendre l'Etat heureux & floriffant, j'entreprends de le faire connoître par ce Précis. J'y fuis à-peu-près la même marche que dans mon grand travail ; & j'y indique fommairement les principaux articles. Souvent je ne dis qu'un mot de ce qui fait la matière d'un très-long Chapitre ; mais j'invite ceux qui défireront des éclairciffemens plus étendus à confulter mon ouvrage : je le communiquerai avec plaifir ; & j'ofe croire que je répondrai, d'une manière fatisfaifante, à toutes les objections qu'on pourra me faire. Je le répète, ce n'eft point un projet nouveau ; c'eft le Tableau de ce que j'ai opéré moi-même, perfectionné par une expérience longue & réfléchie.

PREMIÈRE

PREMIÈRE PARTIE.

DE LA TAILLE (1).

Les premières impositions, qui ont eu lieu en France, se payoient en nature. Les Romains avoient taxé les Peuples conquis à la dixième partie de leurs fruits : & nos Rois de la première & seconde Race ont continué une perception qu'ils avoient trouvée toute établie. Ce fut en 1335 que le Peuple se rédima des contributions en grains & denrées, qui furent alors converties en une somme d'argent. Jusques-là la terre avoit supporté toutes les contributions demandées par les Souverains ; & elles avoient été prélevées sur les héritages, sans nulle distinction pour les qualités des propriétaires.

Je n'entrerai point ici dans le détail de chaque nature d'impositions. Je me bornerai à parler de celle connue sous le nom de Taille, comme de la plus essentielle & de celle qui mérite le plus l'attention du Gouvernement.

On connoît en France trois sortes de Taille, la Taille Réelle, la Taille Personnelle & la Taille Mixte.

La Réelle, est celle qui est assise sur les fonds & héritages. Tout particulier, noble ou non noble, est tenu de la

---

(1) Le nom de Taille vient de ce que originairement ceux qui étoient préposés pour la levée de cette imposition (comme sont aujourd'hui les Collecteurs) ne sachant ni lire, ni écrire, avoient de petits morceaux de bois sur lesquels ils marquoient ce que chaque habitant payoit en déduction de sa taxe.

* B

payer pour les biens en roture qu'il possède, conformément à la Déclaration de François I, du mois d'Avril 1536.

La Personnelle s'impose capitalement sur les personnes, à raison de leurs fonds de commerce, facultés & industrie.

La Mixte est réelle & personnelle; c'est-à-dire qu'elle se perçoit, non-seulement sur les biens fonds, mais encore sur les facultés personnelles, commerce & industrie. C'est cette Taille qui a lieu dans les Pays d'Election, & que l'on peut, à plus juste titre, appeler Taille arbitraire : & c'est elle qui fait l'objet de mon travail.

La Taille est un droit Royal qui n'appartient qu'au Souverain (1). Elle ne peut être imposée que par ses ordres. Il a été défendu par l'Ordonnance de Charles IX, de 1560, à tous Seigneurs, Gouverneurs & Cours Souveraines, d'imposer aucune Taille sur les Sujets du Roi.

Dès que la Taille a été rendue ordinaire & perpétuelle, le Gouvernement s'est occupé à chercher les moyens d'en rendre la répartition proportionnelle aux revenus des Contribuables, & d'en établir la perception la plus douce & la plus économique : mais malgré la sagesse de ses vues il n'a pu encore les rencontrer. La forme de la Taille a été vicieuse depuis son origine jusqu'à ce jour. Il a été rendu grand nombre de Règlemens; mais ces Règlemens mêmes (2), qui attestent la bienfaisance de nos Monarques, interprétés par des gens mal-intentionnés ou peu instruits, n'ont fait qu'accroître les erreurs au lieu de les réformer. Le mal existe dans toute sa

___
(1) Les droits, qui sous le nom de Taille, se payent dans quelques-unes de nos Coutumes aux Seigneurs par leurs Vassaux, doivent être rangés dans la Classe des droits féodaux comme les Cens, Quint, Requint, &c.

(2) Ils sont rapportés dans mon Ouvrage.

force; & je ne crains pas de dire qu'il est la cause première de l'abandon de l'Agriculture, de la désertion & de la dépopulation des Campagnes. C'est lui qui multiplie les célibataires, attire dans les Villes cette foule de gens oisifs & dangereux, qui préférent l'agiotage de leur argent à la culture des terres : c'est lui enfin qui fait gémir sous la plus dure tyrannie la majeure partie des Sujets du meilleur des Princes.

Pour se former une idée des abus qui règnent dans cette partie, je vais d'abord exposer la manière dont on assoit les impositions. Je dirai ensuite comment on les perçoit. Cette lecture rapide suffira pour convaincre que le tout est traité arbitrairement.

SECTION PREMIÈRE.

Manière de répartir la Taille.

IL y a au Contrôle Général un ancien Etat présentant le Tableau de la Taille que doit payer chaque Généralité. Cet Etat sert tous les ans de base à la Taille *matrice*, & ne varie que par le plus ou le moins *imposé* qui est ordonné, eu égard aux circonstances où se trouvent les Provinces ; & ce plus ou moins *imposé* s'appelle Taille *effective*. Ces deux mots de *Taille matrice* & *Taille effective* ont besoin d'être éclaircis : je vais le faire par un exemple.

Je suppose que l'ancien Etat porte que la Généralité d'Auvergne doit payer un million. Ce million a été, & sera dans tous les temps, la *Taille matrice* de cette Province. S'il arrive qu'elle éprouve quelque désastre, & que le Roi, y ayant égard, lui accorde une remise de 100,000 liv., il s'ensuivra qu'au lieu d'un million elle ne payera que 900,000 liv. ; mais ces 100,000 liv. feront portées fur une ou plufieurs Généralités qui les payeront en-fus de leur *Taille matrice*. Ainfi l'Auvergne aura 100,000 liv. de *moins impofé*, & les autres Généralités auront 100,000 liv. de *plus impofé* : c'eft ce plus ou ce moins *impofé* qui s'appelle, comme je l'ai déja dit, *Taille effective*. Ce foulagement d'une Province, qui devient une furcharge pour les autres, s'accorde aux repréfentations des Intendans & des gens en crédit qui, jaloux de faire le bien de leur Province, font valoir les malheurs qu'elle a effuyés, & la néceffité de lui accorder des fecours. C'eft d'après toutes ces confidérations que le Roi figne l'Etat, & fait expédier les Lettres-Patentes pour le Royaume.

ARRÊTONS-nous fur ce premier travail ; & en convenant du defir fincère dont le Gouvernement eft animé pour que tous les Citoyens foient traités également, voyons s'ils le font en effet.

LE premier Etat, qui fert de bafe à la Taille, a été fait fur un apperçu que les Intendans ont anciennement envoyé des forces de leurs Généralités, & de ce qu'elles pouvoient fupporter d'impofitions. Je dis un apperçu, parce qu'il n'eft pas poffible qu'ils aient pu en donner un Tableau fidèle, puifqu'il auroit fallu qu'ils connûffent les revenus exacts de chaque Election, de chaque Paroiffe, & même de chaque Habitant : travail qui n'a jamais eu lieu, & qui feul pouvoit amener la certitude demandée (1). Pour établir un plan jufte de répartition, il faudroit encore avoir une connoiffance parfaite des revenus refpectifs de Généralité à Généralité, & des proportions

---

(1) Le feu Roi, par fa Déclaration du mois d'Avril 1763, avoit ordonné le dénombrement de tous fes Sujets ; mais cette opération n'a point été exécutée.

& disproportions qui se trouvent entre elles : savoir quelles sont leurs facultés, industrie, commerce, & généralement tous les objets qui ajoutent ou qui nuisent à leur abondance. Mais on n'a là-dessus aucun point d'appui ; & je vais le démontrer par un fait qui ne peut être contredit.

Dans une des Généralités qui avoisinent le Limousin, l'imposition générale étant répartie sur chaque Paroisse, l'Habitant ne payoit en 1771 que cinq sols pour livre pour toutes impositions en Taille, Fourrage, Ustensile, Capitation, &c. Ainsi un Taillable, dont le fonds étoit alors estimé 300 liv. de revenu, ne donnoit au Roi que 75 liv., & souvent beaucoup moins. Dans la Généralité de Limoges la proportion générale sur les fonds étoit, à la même époque, de. . . . .

SAVOIR:

La Propriété.	2 s.	3 d. ½.
L'Exploitation.	4	7 ″
Propriété & Exploitation réunis. . . .	6	10 ½.
Le Fourrage à	3	9 ½. de la Taille.
L'Ustensile à	3	2 1/16. Idem.
La Capitation à	9	7/8 ½. Idem.

Dans cette proportion un Domaine de 300 liv. payoit au Roi (1).

En Propriété.	34 l.	7 s.	6 den.
En Exploitation.	68	15	″
4 Bœufs. 18 Brebis. 2 Cochons. . . .	2	6	″
Total de la Taille.	105	8	6
Fourrage. . . : 19 l. 16 s. 3 d. ⎫			
Ustensile. . . 16 14 5 ⎬ Total. : 84		7	8
Capitation. . . 47 17 ″ ⎭			
Total de l'imposition sur 300 liv.	189	16	2

---

(1) L'on voit par ce Tableau de comparaison, que la Province que je cite payoit cinq sols pour livre de son revenu & le Limousin douze sols huit deniers.

Ainsi l'imposition d'un Habitant de la Généralité de Limoges montoit, suivant la juste proportion de son revenu de 300 livres, sur le pied de 12 sols 8 deniers par livre, à . . . . 189 l. 16 s. 2 den.

Et celle d'un Habitant de la Généralité voisine, avec même revenu, à . . . . 75 " "

Ce dernier payoit donc de moins au Roi. . . . 114 16 2

Je puis prouver que ces deux exemples sont tirés des rôles mêmes des deux Généralités (1). D'après cet exposé, il est visible que la répartition faite au conseil, n'est point relative aux revenus & facultés de chaque Province.

Peut-être, dira-t-on, que la Province du Limousin a plus de ressources que l'autre pour payer ses taxes; car enfin on pourra chercher à justifier une inégalité aussi frappante : j'ai examiné l'une & l'autre Province avec attention ; en voici le Tableau fidèle.

Parcourez la première Généralité, vous trouverez partout les terres cultivées, le commerce & l'industrie en activité. Des rivières navigables y portent dans toutes les parties, sinon l'abondance, du moins le nécessaire, & y entretiennent la circulation des denrées. Par ses Ports elle reçoit, tant de l'Etranger, que des autres Villes du Royaume, tout ce qui lui est nécessaire ; & son commerce fait refluer l'aisance dans toutes les Paroisses. L'Habitant est bien vêtu, il se nourrit de pain de froment, & du vin de son territoire.

Jettez les yeux sur le Limousin, quel contraste & quelle différence ! A l'exception de quelques Habitans qui élèvent des bestiaux, tout commerce, toute industrie, y sont

---

(1) Je ne dis rien des Vingtièmes qui sont sujets aux mêmes disproportions & aux mêmes abus.

ignorées. Nul débouché pour les denrées. Eloignée de tous les Ports, fans grands chemins, fans Manufactures, cette Province est obligée de confommer fes productions. L'Habitant, condamné à la misère, n'y vit que de feigle, de bled-farrafin, de châtaignes & d'eau. Dans la plupart des villages on ne voit que des femmes & des enfans prefque nuds. Leurs pères, leurs maris, les abandonnent pour aller chercher dans les grandes Villes de quoi payer les impofitions dont leurs héritages font furchargés. Nous les voyons nous-mêmes fous nos yeux ces malheureux Limoufins, fe vouer ici aux travaux les plus pénibles, & n'y foutenir leur exiftence qu'avec du pain fec. Ils n'économifent que pour acquitter les charges qui leur font impofées.

GRANDS de l'Etat, Miniftres d'un Roi bienfaifant, n'oubliez jamais qu'il eft le père de tous fes Sujets, & qu'il l'eft encore plus particulièrement des malheureux! Souvenez-vous qu'en accordant des diminutions à des Provinces, vous augmentez le fardeau des autres en proportion, & que fouvent tout le poids des charges publiques tombe fur les foibles & fur les infortunés.

JE viens de démontrer que la répartition faite au Confeil ne peut être qu'un apperçu. Suivons-en la marche, & nous la trouverons arbitraire jufqu'à fon terme.

A peine les Lettres-Patentes font-elles envoyées dans les Généralités aux Intendans & aux Bureaux des Finances pour y faire répartir les impofitions par Elections & par Paroiffes, que chacun s'empreffe à obtenir des diminutions. Nul point fixe pour apprécier les demandes; & ces deux diftributions fe font fans bafe certaine. Je ne déclamerai point contre les perfonnes prépofées à concourir avec les Intendans à cette diftribution;

je les crois incapables de féduire ou d'être féduites : mais en fuppofant qu'elles apportent dans leur répartition toute la bonne foi & toute l'intelligence poffibles, leur travail n'en feroit pas plus régulier, ni plus exact, puifqu'elles ne connoiffent ni la force ni le revenu de chaque Communauté, que rien ne les leur attefte, & qu'elles ne peuvent avoir que des préjugés & jamais de certitude. On croit une famille aifée, parce qu'elle a de l'ordre & de l'économie ; mais fouvent elle ne doit fon extérieur d'aifance qu'aux privations intérieures les plus dures. Cette comparaifon peut s'appliquer à des Communautés, qui redoublent de travail & d'économie pour acquitter leurs taxes.

L'IMPOSITION arrive donc ainfi d'arbitraire en arbitraire jufqu'aux Paroiffes. C'eft fon dernier terme, & c'eft auffi le plus important : fuivons-en la divifion avec l'attention qu'elle mérite.

LES Rôles des Tailles s'opèrent, dans chaque Paroiffe, par un nombre plus ou moins confidérable de Collecteurs, fuivant fon étendue. Ces Collecteurs s'affemblent ordinairement dans un Cabaret. Là fe rendent les riches Habitans, les Officiers de plume, fouvent même des Nobles : l'intérêt y réunit tous les états. C'eft dans ce Confeil qu'on affeoit l'impofition. Les Collecteurs commencent par eux-mêmes : perfuadés qu'ils méritent des faveurs particulières pour être chargés du recouvrement, ils réduifent leurs cotes aux fommes les plus modiques. Quelquefois, à la vérité, craignant de s'attirer le blâme, au lieu de fe réduire eux-mêmes, ils font tomber la modération fur ceux qui doivent leur fuccéder, afin qu'à leur première collecte ces derniers ufent de retour à leur égard. C'eft par cette politique que les gros Habitans favent fe fouftraire aux impofitions. Les parens des Collecteurs, leurs amis, font affranchis.

chis. Le Noble fait refluer sa protection & son crédit sur ses Fermiers ; d'autres achètent à prix d'argent des diminutions : tout y est arbitraire. La Veuve, l'Orphelin, le Propriétaire éloigné, l'Habitant sans protection, voilà les victimes qu'ils sacrifient. Les plus forts accablent les plus foibles : la cupidité & l'injustice sont les divinités qui président à leurs travaux.

Qu'on n'aille pas croire que les plaintes des malheureux seront entendues, & qu'on leur rendra justice ! A qui pourroient-ils la demander ? Les manœuvres d'iniquité, qui se trament dans les Paroisses, ne sortent pas de leur enceinte. D'ailleurs personne ne connoit les véritables facultés des Taillables.

Qu'arrive-t-il ? l'Habitant, surchargé d'une imposition qu'il ne peut payer, sans ressources pour se faire rendre justice, prend le parti désespéré de vendre l'héritage de ses pères, pour aller chercher ailleurs une existence moins douloureuse. Il se rend dans les Villes, & y augmente le nombre des Laquais & des Célibataires. C'est ainsi que les campagnes deviennent désertes : ceux qui sont obligés d'y rester, affichent la plus grande indigence ; ils laissent leurs fonds en friche, de peur que leur récolte ne serve de motif à une augmentation d'imposition ; ils n'achètent point de bestiaux, ils n'osent même se vêtir, dans la crainte qu'un air d'aisance ne leur occasionne une taxe plus forte que la première. De-là les haines, les vengeances, les divisions des familles, les vices les plus atroces, & des procès presqu'innombrables.

Il suit de tous ces désordres, que les deniers du Roi sont toujours arriérés ; qu'on est obligé de faire des remises considérables ; & que l'Habitant n'en est pas moins malheureux. Les

* C

Procès-verbaux de 1704, 1705, 1706, & jusqu'en 1720, atteſtent les remiſes immenſes faites aux Paroiſſes.

TELS ſont les abus généraux de la répartition. Il en eſt auſſi de particuliers, & non moins nuiſibles, qui juſqu'à ce jour n'ont pas été aſſez ſentis. On fera ſans doute effrayé du Tableau que j'en ai préſenté dans mon Ouvrage. On ne croira jamais que ſous une Adminiſtration Françoiſe, & ſous le règne des meilleurs Rois, les Paroiſſes ſoient ainſi en proie aux injuſtices les plus révoltantes. Peut-être en levant le voile qui les couvre, m'accuſera-t-on de témérité; mais y en auroit-il à dire la vérité à des Maîtres qui la cherchent, qui la demandent, & qui l'aiment? Aidé du courage & de la modération qu'inſpire la vertu, je ne craindrai pas de la dire & de la montrer. Peut-être en réſultera-t-il un bien général : c'eſt tout ce que je me propoſe. Si je n'y réuſſis pas, j'aurai du moins la ſatisfaction d'avoir oſé l'entreprendre.

PARMI les abus dont les Paroiſſes ſont les victimes, le grand nombre de Privilégiés qu'elles renferment dans leur ſein, en forme un des plus conſidérables. Lorſque l'on exige d'une Société le payement d'une ſomme fixe, & que pluſieurs de ſes Membres, quoique les plus riches, ſe refuſent à en payer leur part, ſous prétexte de priviléges & d'exemptions, il s'enſuit que ceux de cette Société qui n'en ont pas, acquittent non-ſeulement ce qu'ils doivent en leur nom, mais encore la part de ceux qui refuſent leur cotiſation. Dès-lors les uns augmentent leur aiſance aux dépens des autres. Tel eſt l'effet des priviléges dans les Paroiſſes : ceux qui en jouiſſent ſont ordinairement les plus aiſés. Les autres ſont des Laboureurs qui arrachent avec peine du ſein de la terre une nourriture inſuffiſante, & qui, avec leurs taxes, ſupportent encore la ſurcharge des impôts que ne payent pas les Privilégiés.

Les Règlemens n'ont pas distingué jusqu'à ce jour la nature des impositions, dont doit être affranchie chaque espèce de Privilégié, si c'est de la Taille réelle, ou simplement de la Taille personnelle. Les Privilégiés ont appliqué ce mot *générique* à l'une & à l'autre, & n'en payent d'aucune espèce. Un Habitant un peu aisé achète une Charge du plus bas prix, à la faveur de laquelle il affranchit ses Domaines de toutes impositions; & moyennant 4 à 5 mille livres, il se soustrait au payement annuel de 1000 à 1200 liv.

J'ai traité dans le plus grand détail de toutes les classes de Privilégiés ; j'ai rapporté les titres de leurs Priviléges ; j'ai distingué par Chapitres particuliers les Nobles & les annoblis ; les Ecclésiastiques ; les Officiers des Cours Supérieures, Présidiaux, Sénéchaussées, Bailliages, Justices Royales, Maîtrises Particulières des Eaux & Forêts, & autres Officiers de Justice ; les Trésoriers de France, Sécrétaires du Roi, & autres pourvus de Charges donnant la Noblesse ; les Commensaux de toutes les classes dans les Maisons du Roi, de la Reine, des Enfans de France, des Princes & Princesses du Sang ; les Commensaux Militaires ; les Univerfités, les Maîtres & Maitresses d'Ecole ; les Militaires ; les Commissaires Ordonnateurs, Provinciaux, Ordinaires, & Contrôleurs des Guerres ; les Officiers des Elections & Greniers à Sel ; les Receveurs-Généraux & Particuliers des Domaines & Finances ; les Bourgeois des Villes franches ; les Officiers de la Connétablie, des Maréchaussées, & des Monnoyes ; les Employés aux Fermes du Roi ; les Maîtres de Poste ; les Garde-Etalons ; les Salpêtriers ; les Entrepreneurs, Inspecteurs & Ouvriers des Manufactures ; les Mineurs & les enfans sous puissance de père & de mère ; les Veuves & les femmes séparées de leurs maris ; les Domestiques mariés ou non mariés ; j'ai apporté enfin la plus scrupuleuse attention à soumettre à mes recherches tous les ordres de Citoyens compris dans la masse générale & effrayante des Privilégiés.

Je le répète, le grand nombre des Privilégiés écrase les Habitans dans les Paroisses, & porte une atteinte dangereuse à l'Etat. Sans doute le Roi doit des récompenses au Citoyen qui a bien mérité du Gouvernement; mais ces récompenses ne doivent faire le malheur de personne. Qu'on fasse tomber les priviléges sur les taxes personnelles, elles en seront plus honorables, & ne produiront pas une surcharge sur la masse totale de l'imposition. Mais si ce privilége porte sur la taxe réelle, & donne l'affranchissement des immeubles, c'est une injustice qui blesse tous les autres Taillables, & qui altère les ressources de l'Etat (1).

Qu'on n'aille pas croire que je veux ici porter atteinte aux priviléges. Mon système n'est point destructeur, il n'en veut qu'aux abus & non aux personnes. Je sais qu'il est des Classes de Citoyens qui par leur naissance, leurs places, ou le genre de leurs occupations, méritent d'être distingués du Vulgaire : mais je n'ignore pas aussi qu'il y a eu des usurpations & de fausses applications ; & c'est pour rappeller chacun au véritable esprit de la loi, & aux principes de la

---

(1) Dans un Ouvrage imprimé en 1777, ayant pour titre *Mémoires pour servir à l'Histoire de Louis Dauphin de France, Père de notre Monarque*; on trouve le passage suivant donné pour être écrit de sa main, *fol.* 164.

Comme il n'y a que le Roi qui puisse imposer des tailles & des subsides sur ses Sujets, de même aussi, il n'y a que lui qui puisse exempter des particuliers quand bon lui semble; mais les Rois doivent être extrêmement réservés dans ces sortes d'exemptions qui diminuent le profit de l'Etat, & font retomber sur le pauvre Peuple tout le poids dont la faveur soulage un petit nombre. Il y a déja, par tant de sortes de Charges & d'Emplois, un si grand nombre d'exempts; que l'augmenter seroit véritablement une injustice odieuse; en un mot, les exemptions sont souvent plus contraires à l'humanité que les impôts mêmes.

justice, que j'ai donné le tableau de la nature des priviléges qu'il convient d'accorder à chacun dans le plan du Cadastre. On y verra que j'ai distingué en plusieurs Classes l'ordre des Nobles, n'étant pas juste qu'un dernier annobli se trouve en parité de priviléges avec un Duc & Pair, un Ministre, & un premier Officier de Cour Souveraine.

Je continue le tableau des abus qui portent sur la taxe des fonds: mais pour ne pas donner trop d'étendue à ce Précis, & ne pas fatiguer le Lecteur par des objets qui, pour la plupart, lui sont inconnus, je ne ferai qu'en citer sommairement les Articles, renvoyant à mon Ouvrage pour les y trouver traités dans le plus grand détail.

ABUS MIS EN USAGE PAR LES NOBLES ET LES PRIVILÉGIÉS, POUR JOUIR DE L'EXEMPTION DE LA TAILLE SUR LES DOMAINES QU'ILS VEULENT FAIRE EXPLOITER PAR VALETS. La Loi, qui leur accorde le privilége d'exemption, exige qu'ils n'en puissent jouir que dans une seule Paroisse, & qu'ils s'assujettissent aux formalités qu'elle prescrit; mais ils savent l'éluder: il y en a beaucoup plus du tiers en contravention, qui fait conséquemment supporter cette surcharge aux autres Habitans.

ABUS DANS LES TRANSLATIONS DE DOMICILE. Les Règlemens ont prescrit les formes pour obtenir ces translations; mais elles ne sont pas observées. Un particulier quitte sa Paroisse pour aller résider dans une autre, il emporte avec avec lui l'objet de l'imposition qu'il supportoit à raison des fonds qu'il y possède & de ses facultés, & le fait retomber sur ceux qui y restent.

ABUS DANS LES DÉMISSIONS DE BIENS. Le Taillable, pour se soustraire au payement des impositions, fait une démiſſion de ſes biens en faveur d'un Privilégié; & ſous ce prétexte, quoiqu'il jouiſſe toujours de la propriété & des fruits de ces mêmes biens, il ſe fait décharger de tout impôt.

Abus dans la taxe des Fermiers et Sous-Fermiers. C'eſt un des Articles qui eſt le plus ſujet aux variations & aux erreurs. Il eſt preſque par-tout arbitraire.

Abus des taxes sur les Adjudicataires des Récoltes momentanées des Bois du Roi et des Grands du Royaume.

Abus de renvoyer la taxe des immeubles au feu vif; c'eſt-à-dire de payer dans une Paroiſſe ſon impoſition pour les fonds qu'on poſsède dans une ou pluſieurs autres, ſous le prétexte que cette première Paroiſſe eſt le principal domicile du Taillable. J'ai combattu ce déſordre; j'ai démontré que les fonds doivent être taxés dans le lieu de leur ſituation; & que l'impoſition, qui réſulte de cette taxe, doit y être payée, ſans égard pour le domicile du Propriétaire.

Abus des taxes d'Office. Par les Règlemens, il eſt permis aux Intendans de taxer les particuliers à la ſomme qu'ils croyent convenable; c'eſt-là ce qu'on appelle taxes d'Office. Jamais elles n'ont lieu pour les malheureux; elles ont été inventées en faveur des riches qui, ſous prétexte de ne vouloir pas être livrés à l'examen des Collecteurs, ſe ſouſtrayent par un faux expoſé à la juſtice d'une impoſition proportionnelle à leurs facultés, & font refluer leurs impoſitions ſur le reſte des Habitans.

Je pourrois ajouter une infinité d'autres abus qui ſe gliſſent dans la répartition de la Taille; je pourrois m'étendre sur la forme des Rôles actuels, sur ses dangereuses conséquences; mais il m'en reste une trop grande quantité d'autres à tracer, & je ne suis encore qu'à la moitié de la carrière. Je viens de donner un abrégé des vices qui règnent dans la manière dont on asseoit les impositions ; voyons ceux qui existent dans leur perception.

SECTION SECONDE.

Manière de percevoir la Taille.

Pour donner à ce Chapitre toute la clarté qu'il exige, je vais exposer ce que c'est que la Collecte : j'en dirai les abus & le danger, & je rapporterai ensuite la manière dont les Collecteurs s'y prennent pour le recouvrement des impositions.

Dans les premiers temps, lorsque la Taille fut devenue ordinaire, les Elus faisoient l'assiette des impositions, & étoient chargés du recouvrement. Ils étoient du choix des Habitans ou de celui des Généraux des Aides. La Collecte n'avoit rien que d'honorable, elle représentoit ces places connues chez les Romains sous le nom de Décurion ou Chef de Décurie : les besoins de l'Etat substituèrent des Elus en Charge, à ces Elus que l'estime publique proclamoit alors.

Si la Collecte, dans son origine, a eu l'avantage d'honorer celui qui en faisoit les fonctions, elle avilit aujourd'hui & ruine très-souvent celui qui en est chargé.

On procède chaque année à la nomination des Collecteurs. Leur nombre est depuis 3, 5, 7 jusqu'à 9, suivant l'étendue de la Paroiſſe. Il n'y a point d'intrigues, ni de ſoins, que chaque particulier ne mette en uſage pour éviter cette charge; & c'eſt au milieu de toutes les cabales qu'on procède à l'Election. Tous les Etats y ſont confondus. Le Bourgeois s'y trouve avec le Mercénaire, le Maître avec ſon Domeſtique; tous ſont alors égaux, puiſque les intérêts & les fonctions ſont les mêmes: mais combien leur ſort eſt différent! Dans un *deficit* de Recette, dans les frais, dans les Voyages, la principale charge tombe ſur les malheureux. Voici la méthode que les uns forcent les autres de ſuivre dans leur répartition.

Les frais de Tableaux, Rôles, Contraintes, Garniſons, &c. ſe partagent par égale portion. Un Journalier-Collecteur, qui n'a pour ſubſiſter que le travail de ſes bras, paye autant que le Collecteur qui jouit de trois mille livres de rente. Ce malheureux eſt chargé de tous les voyages; & s'il y a des contraintes décernées, c'eſt lui que l'on conſtitue priſonnier, & qui paye de ſa liberté les injuſtices des riches. Alors ſa femme & ſes enfans ſont abandonnés aux charités publiques; & cette manœuvre ſe termine par la perte d'un Habitant qui va dans les Villes exercer le métier de mendiant. D'autres Collecteurs, qui n'ont qu'une petite portion d'héritage, forcés, comme le premier, de ſubir le joug, n'ont bientôt plus qu'à ſuivre ſon exemple. Je puis avancer, avec cette aſſurance que donne la vérité, qu'il n'y a pas d'année où de cinq Collecteurs, il n'y en ait au moins un d'abſolument ruiné.

Comme la Collecte eſt très-ancienne, & qu'elle eſt fondée ſur quantité de Règlemens, j'ai eu beſoin de réunir contre elle toutes mes forces. Je ne ſuis point, je le répète, un homme à ſyſtême; je cherche uniquement à détruire les abus. Combien n'en ai-je pas découverts dans le cours de mon opération? Il faut, comme moi, avoir parcouru les campagnes pendant

dant trente années, pour apprécier les malheurs qui affaillent de toutes parts leurs triftes Habitans. Je ne crains pas de le dire, la Collecte eft un de leurs plus grands fléaux. Indépendamment de ce qu'elle enfante la difcorde, & fait circuler la haine de famille en famille, elle eft une des caufes du dépériffement de l'Agriculture, & de la dépopulation des campagnes.

Quoique je ne puiffe dire au jufte le nombre des journées que les Collecteurs employent à faire leur recouvrement, parce qu'il varie fuivant la proximité ou l'éloignement des Villes Capitales, cependant on peut s'en faire une idée par le temps qu'ils font néceffités de mettre à faire leurs Rôles, à aller aux Élections les faire vérifier & les rendre exécutoires, à fe tranfporter tous les mois aux Recettes pour y porter l'argent qu'ils ont reçu, à faire leur tournée chaque femaine dans toute l'étendue de la Paroiffe pour y percevoir leurs deniers; enfin, leurs voyages pour les faifies, taxes de frais, & autres circonftances qui exigent leur préfence à la Ville, foit chez les Elus, foit chez les Receveurs des Tailles.

Souvent une Paroiffe a deux ou trois lieues de circuit; les habitations y font éparpillées en cinquante ou foixante Villages ou Hameaux diftans du clocher, les uns d'une demi lieue, d'autres d'une lieue, plus ou moins; de façon qu'une Paroiffe, compofée de quatre cents feux, n'en contient fouvent au chef-lieu que douze ou quinze, tout le refte étant difperfé. On conçoit aifément qu'une pareille recette entraîne une perte de temps, d'autant plus confidérable, que les Collecteurs y employent ordinairement les plus belles journées & les plus précieufes à leurs travaux.

On compte en France quarante mille Paroiffes. En réduifant le nombre des Collecteurs à trois pour chacune, c'eft, pen-

D *

dant les deux années néceſſaires au recouvrement, ſix Collecteurs d'employés, & deux cents quarante mille chefs de famille perpétuellement en mouvement pour faire rentrer les deniers du Roi ; leſquels étant hors d'état de s'occuper de leur culture, occaſionnent une perte pour le Royaume qui n'eſt pas trop évaluée à dix millions.

La Collecte dépeuple les campagnes ; elle dégrade, pour ainſi dire, l'homme honnête ; elle l'aſſujettit ſouvent à des actes humilians, le livre à des décrets, le rend reſponſable des deniers du Roi, l'expoſe à des procès, à des avances, à des compenſations, contre la Loi même, à des contraintes & à des garniſons, auſſi déshonorantes que coûteuſes ; elle le met enfin dans le cas d'être ruiné. Quel eſt l'homme aiſé qui, pour ſe ſouſtraire à tant de maux, ne regarde pas comme un avantage réel pour lui de vendre ſes héritages, & d'aller habiter des Villes franches, abonnées ou tarifées, dans leſquelles il ſera à couvert de toutes ces vexations ?

La ſortie d'un homme riche occaſionne ſouvent celle de beaucoup d'autres, & fait un tort infini à quantité d'Ouvriers & de Laboureurs qu'il aidoit, qu'il protégeoit, & qui manquent alors de ſecours : telle eſt la chûte d'un grand arbre qui entraîne celle des petits qui l'avoiſinent. Que l'on conſulte, & l'on verra combien il y a de fils de Payſans qui, inſtruits des peines & des dangers qu'occaſionne la Collecte dans leurs familles, quittent la maiſon paternelle pour ſervir dans les Villes, & enlèvent ainſi aux Campagnes des bras faits pour les fertiliſer.

Voyons maintenant comment ſe fait la perception. Chaque Receveur, pendant ſon année d'exercice, a un nombre de vingt à vingt-cinq Huiſſiers aux Tailles, & de quarante Recors, ce qui fait dans chaque Election une petite armée de cent trente hommes employés au recouvrement des deniers du Roi (1).

Les Huissiers aux Tailles ont été créés par Henri III, au mois de Septembre quinze cent quatre-vingt-un, pour exécuter les contraintes décernées contre les Contribuables, & dresser des Procès-verbaux des Rébellions.

Les Recors ou Fusiliers sont des gens tirés de la lie du Peuple, infectés des vices les plus bas & les plus odieux, toujours couverts des haillons de la misère, sans autre talent que celui de persécuter le malheureux Taillable pour vivre à ses dépens. On ne trouve nulle part aucune trace de leur établissement. Aucune loi ne les a créés. Les malheurs des temps, & les vices de la perception, leur ont donné l'existence au détriment des Campagnes & de leurs Habitans.

Aussi-tôt que le Rôle d'une Paroisse est rendu exécutoire, les Recors font solliciter auprès du Receveur des Tailles, ou de leurs Commis, des billets de contrainte avec lesquels ils se présentent aux Collecteurs. Ceux-ci pour s'en débarrasser, les envoient en Garnison chez trois ou quatre redevables. Ils choisissent le plus aisé pour être mieux nourris, & se font payer des autres. Aussi-tôt qu'ils y sont installés, ils se livrent à toutes sortes d'excès & traitent leurs Hôtes avec indignité ; finissent ainsi par achever de les ruiner, &

_____

(1) Je connois des Receveurs des Tailles qui en ont réduit le nombre.

les mettent dans l'impuissance absolue d'acquitter leurs Impositions.

Si, pour se soustraire à ce fléau, le Taillable en vendant ses bestiaux ou d'autres objets, vient à bout de se procurer l'argent de sa taxe, le Collecteur lui retient cet argent pour les frais de Garnison; & la Taille reste due en totalité, parce qu'elle est toujours la dernière à payer, & que tous les frais doivent être préalablement acquittés.

Ce n'est pas là le seul abus. Souvent les Commis des Recettes donnent à leurs Recors plusieurs Paroisses. Ils arrivent dans la première, se montrent aux Habitans, & après être convenus avec les Collecteurs que leurs journées leur seront payées comme présens, ils passent dans une autre : alors les Collecteurs font payer arbitrairement à chaque Taillable des frais de Garnison dont ils n'ont aucune connoissance ; & au lieu de quatorze sols par jour, qu'on a permis aux Recors d'exiger, ils ont plus de quatre francs, sans compter leurs véxations.

J'ai vu de ces malheureux, logés chez des Bourgeois honnêtes, vouloir les forcer à les faire manger à leur table, & les menacer, au nom du Receveur des Tailles. J'ai vu des Receveurs fermer les yeux sur ces violences. On sait qu'en mil sept cent quinze, ces Recors occasionnèrent des soulèvemens en Normandie & en Guyenne, & que son Altesse, Mgr. le Duc d'Orléans, Régent, fut dans la nécessité d'écrire circulairement à tous les Intendans pour qu'ils eussent à faire cesser ces abus qui désoloient les Provinces. Ils ne sont point détruits ces abus, ils existent encore ; & quelle fenfation douloureufe ne produit pas fur les efprits une perception qui entretient une guerre ouverte entre les Citoyens, & qui paroît n'avoir pour but que la ruine abfolue de tous!

Je ne puis mieux finir cet article qu'en citant les autorités de deux grands hommes, Sully & le Maréchal de Vauban.

Le premier, en traitant de la Taille arbitraire, dit qu'il la regarde comme un acte violent & vicieux de fa nature, particulièrement dans les lieux où la Taille n'eft pas réelle. Une expérience conftante lui a prouvé qu'elle nuifoit à la perception des fubfides, & que les campagnes dépériffoient à mefure que les Tailles s'accroiffent. Dès qu'il y entre de l'arbitraire, le Laboureur n'a plus de propriété, il fe décourage. Loin d'augmenter fa culture, il la néglige; & les chofes font réduites à ce point parmi les Taillables de l'ordre du peuple, que celui qui s'enrichit n'ofe confommer, jufqu'à ce qu'il foit devenu affez opulent pour ne rien payer du tout en achetant un Privilége.

M. de Vauban repréfente au Roi » que tant que les levées
» de fes revenus s'exigeront par des voies arbitraires, il eft im-
» poffible que les peuples ne foient expofés à un pillage univer-
» fel répandu par tout le Royaume, attendu que, de tous
» ceux qui y font employés, il n'y en a peut-être pas de cent
» un qui ne fonge à faire fa main, & à profiter, tant qu'il peut,
» de fon emploi : ce qui ne fe peut que par des vexations in-
» directes fur les Peuples. Et cela eft fi vrai, que fi, de l'heure
» que j'écris ceci, il plaifoit à Sa Majefté d'envoyer nombre
» de gens bien affidés dans les Provinces pour en faire une
» vifite exacte, jufques aux coins les plus reculés & les moins
» fréquentés, avec ordre de lui en rendre compte fans déguife-
» ment, Sa Majefté feroit très-furprife d'apprendre que, hors

" *le fer* & *le feu* qui, Dieu merci, n'ont pas encore été
" employés aux contraintes de ces Peuples, il n'y a rien
" qu'on ne mette en usage, & que tous les pays qui compo-
" sent ce Royaume sont *universellement ruinés* ".

NE nous en prenons pas au Gouvernement; son intention est que tous les Sujets soient heureux. On le voit par les Règlemens qui existent, & notamment par l'Arrêt du Conseil du 7 Juillet 1733, qui veut que les impositions soient proportionnées à la fortune des Citoyens, & que le riche & le pauvre payent en raison de leurs revenus. Mais à quoi serviront toutes les Loix, si la cupidité les élude, & si on ne les établit pas sur des principes immuables, & si simples, qu'étant saisis également, & par ceux qui doivent y obéir, & par ceux qui veillent à leur exécution, elles soient à l'abri de toute atteinte?

Moyens employés pour remédier aux maux de la Taille arbitraire, leur inutilité & leur abus.

AVANT d'indiquer les moyens que je propose pour faire disparoître les abus dont je n'ai donné qu'une légère idée, je crois devoir rapporter les différens efforts que le Gouvernement a faits pour les anéantir (1), & les divers projets, dont quelques-uns ont été exécutés, & le sont encore, malgré leurs inconvéniens; & dont quelques autres ont seulement été essayés & abandonnés ensuite comme plus dangereux que les maux mêmes qu'ils vouloient prévenir. Je ne ferai que citer ces pro-

---

(1) Il est de toute impossibilité que le Gouvernement s'occupe à former des Projets. La rapidité & la multitude infinie des mouvemens divers qu'il est sans cesse occupé à diriger, sans en rallentir le cours, doit nécessairement suffire à toute son activité. Les encouragemens d'honneur & de distinction qu'il propose au Citoyen généreux qui consacre ses veilles à des Projets utiles, sont tout ce qu'il peut, & tout ce qu'il doit aux Peuples qu'il gouverne.

jets. Plusieurs sont imprimés & sous la main de tout le monde. Mais pour en connoître les abus & juger des raisons qui les ont fait proscrire, je renvoie à mon Ouvrage. J'y suis entré dans le plus grand détail sur tous ces objets ; & pour le faire avec plus d'ordre, j'ai divisé cette partie en sept chapitres.

Le premier traite de la Taille réelle & personnelle en Provence & en Languedoc. François Ier. ayant, par son Edit de 1535, ordonné l'établissement du Cadastre, les Généralités de Toulouse, Montauban, Aix, & partie de celle de Bordeaux, ont été opérées également, à quelques différences locales près. Les Cadastres sont formés de tous les biens réels de ces Provinces divisés en deux Classes, biens Nobles & biens Roturiers. Les premiers sont exempts d'impositions, quels qu'en soient les possesseurs. Les seconds sont sujets à toutes les Charges, quoique possédés par des Nobles : ainsi le privilége est attaché au bien & non à la personne.

On distingue dans le Cadastre de ces Provinces, deux opérations dénommées ; la première sous le titre de Compoix Terrien, & la seconde sous celui de Compoix Cabaliste. L'une contient l'arpentement & l'estimation de toutes les Pièces d'héritages d'une Paroisse ; l'autre est le travail qui se fait par les Contrôleurs des Cabaux, pour parvenir à une Taxe personnelle relative à l'industrie & aux facultés des Taillables.

Le Compoix Terrien existe depuis plus de deux siècles. Il me suffira, pour faire son éloge, de dire qu'il a rendu le Languedoc une des plus florissantes Provinces du Royaume, & ses Habitans les Sujets les plus heureux de la Monarchie. Cependant cet Ouvrage n'est pas, à beaucoup près, parfait. Il renferme beaucoup d'abus & d'erreurs. Mais ces inconvéniens proviennent de ce que, dans l'origine, on n'a pas donné à ce Compoix toute l'attention qu'il exigeoit, qu'on y a employé une forme trop compliquée, trop irrégulière & trop dispendieuse.

Le Compoix Cabaliste, aussi ancien, n'est pas encore aussi exact que le Compoix Terrien. Son assiette est dure, vexatoire, & tombe sur des objets qui devroient n'être pas taxés. On verra la marche que j'ai suivie, & l'on sera obligé de convenir qu'elle est plus juste, plus égale, & qu'elle ne nuit ni à l'aisance, ni à la liberté du Citoyen.

2°. De la Taille réelle en Dauphiné.

La mauvaise composition du Cadastre de cette Province, a occasionné des erreurs qui ont jetté la plus grande confusion sur une opération destinée à en faire le bonheur. On a entrepris plusieurs fois de les rectifier : il y a eu des Commissaires nommés à cet effet ; mais les riches & les gens puissans s'y sont opposés. L'intérêt particulier empêche le bien général, & tout est resté dans le désordre. J'ai rapporté, dans mon Ouvrage, un Mémoire fort détaillé sur tout ce qui concerne ce travail : il est de M. de Fontanieu, Conseiller d'Etat, ancien Intendant de cette Généralité ; il fait autant d'honneur à ses lumières, qu'à son zèle pour le bien public.

3°. De la Taille sur les Feux.

La Taille sur les Feux est une imposition qui se perçoit dans plusieurs Provinces du Royaume, sous le titre de droit de Fouage. En 1336, Edouard, Prince de Galles, établit cet impôt, qui consiste à payer cinq sols par feu, & cinq autres sols pour guet & garde. Au moyen de cette taxe unique, ses Sujets furent exempts de toute imposition. Ce droit a été confirmé

firmé dans plusieurs Provinces, & dans quelques Paroisses du Poitou, par des Lettres-Patentes du Roi Jean, & ensuite rendu commun à plusieurs autres Provinces par Charles VI. Ainsi un particulier, quelle que soit sa fortune, dans ces endroits privilégiés, en payant dix sols (1), est quitte envers l'Etat, & ne lui doit plus rien.

Ne doit-il pas paroître étonnant qu'on ait supprimé les priviléges dont jouissoient anciennement plusieurs Villes pour des services signalés rendus à nos Rois, & qu'on ait conservé un droit aussi abusif, né dans des temps de troubles & de discorde ? Mais ce qui doit encore exciter davantage l'étonnement, c'est que les Paroisses, ainsi affranchies, sont plus pauvres que celles qui sont assujetties à toutes les taxes du Royaume. Elles sont sans industrie, sans émulation, & restent dans l'inertie la plus coupable. Je demande la suppression de ces franchises, comme nuisibles à ceux mêmes qui les possèdent, & comme dangereuses pour l'Etat. Il faut, dans un Gouvernement, une imposition proportionnelle ; que les intérêts de tous les sujets soient égaux, & que les uns & les autres concourent au soulagement de la Patrie.

4°. De la Dîme Royale.

En rendant hommage aux vues patriotiques & aux connoissances supérieures de M. le Maréchal de Vauban, je ne puis m'empêcher de dire que la Dîme Royale, qu'il avoit proposée sur toutes les Récoltes, étoit aussi nuisible à l'Agriculture qu'à la liberté publique. Son opération de taxe per-

---

(1) Ces 10 sols dans l'origine étoient considérables eu égard à la rareté du numéraire dans ces temps reculés.

fonnelle renfermoit les mêmes vices, & on a vu par les essais qui en ont été faits qu'elle auroit entraîné la chûte de l'Etat.

5°. *Projets de M. de Boulainvilliers, du Marquis de Silly & du Chevalier Renaud.*

Le premier met toute la France en finance, & établit à Paris, dans les Capitales & dans les Paroisses, une armée de Traitans sous les titres de Grands-Trésoriers, Directeurs-Généraux & Particuliers, Actionnaires, Chambres, Bourses-Communes, Caissiers, Commis, Receveurs-Généraux & Particuliers, Agens, Croupiers, &c. Il veut que le Commerce, les impositions, l'argent, les denrées & généralement toutes choses passent par leurs mains, par un privilége spécial. Il suffit de présenter ce système pour en démontrer l'absurdité. Ceux de MM. de Silly & du Chevalier Renaud roulent sur les déclarations que font chaque année les Taillables, de leur récolte, évaluée en argent : on en a fait l'essai dans quelques Paroisses de la Normandie ; mais ils n'ont subsisté que le temps nécessaire pour en faire reconnoître les abus.

6°. *De la Taille par Tarif.*

La Taille tariffée a été proposée par M. l'Abbé de Saint-Pierre. Comme elle s'annonce avec l'extérieur de la justice & de l'égalité, le Gouvernement l'a adoptée pour plusieurs Provinces. Je l'ai combattue avec force ; j'en ai démontré les abus, & j'ai fait connoître qu'elle étoit aussi injuste, aussi inégale, que l'arbitraire même qu'elle a voulu corriger. Je sais qu'elle a beaucoup de partisans. Aussi suis-je entré dans tous les détails, & n'ai-je rien laissé à désirer sur cette matière. Le Chapitre où j'en traite eſt fort long, & toutes les parties en ſont trop liées entr'elles pour pouvoir être extraites.

7°. J'AI mis dans la plus grande évidence les dangers qu'entraîneroit l'exécution des Déclarations des 30 Décembre 1761, 7 Janvier 1768 & 11 Avril 1776, & la néceſſité de les rectifier. Le Conſeil n'a en vue que le bonheur des Citoyens, perſonne n'en peut douter ; mais dans une matière auſſi compliquée, il eſt auſſi poſſible de l'induire en erreur, qu'il eſt difficile aux Citoyens occupés de projets utiles, de n'y pas tomber eux-mêmes, lorſque l'expérience ne vient pas à l'appui de leurs ſpéculations.

Des Adminiſtrations Provinciales.

DE tous les établiſſemens propoſés au Souverain, & adoptés par ſa bonté paternelle, il n'en eſt aucun qui me paroiſſe marcher plus directement vers le bien public que les Adminiſtrations Provinciales. Conçues par le Miniſtre éclairé qui régit nos Finances, elles porteront ſans doute dans nos Provinces l'abondance & la paix.

LES Adminiſtrateurs, jaloux de mériter la confiance du Monarque & de juſtifier ſon choix, s'occuperont certainement de tout ce qui peut être utile. Si ce projet réuſſit, l'Agriculture, le Commerce & les Arts, prendront une nouvelle activité ; & les Campagnes comme les Villes verront tarir la ſource des maux qui les affligent.

ET moi, dont toute l'exiſtence a été conſacrée au bien public, moi, dont l'ame attendrie n'a jamais pu voir ſans verser des larmes tout ce qui a été fait pour le bonheur des Peuples, pourrois-je conserver une froide indifférence à la vue de la révolution heureuse qui se prépare ? Tout bon Citoyen a droit de dire ce qu'il croit pouvoir être avantageux, lorsqu'il le dit avec modération ; & qu'il écarte de ses Écrits tout esprit de critique. J'use de ce privilége ; & ceux qui me liront, ne verront sans doute, dans cet article, que le zèle d'un Sujet pour la gloire de son Maître & la félicité de ses Peuples.

Les Administrations Provinciales, composées de cinquante-deux personnes choisies parmi le Clergé, la Noblesse & le Tiers-Etat, sont, entre mille autres objets, chargées de l'imposition & de la perception des tributs de leur Province. Quels moyens emploieront-elles pour remplir ces deux objets ? Je ne mets point en doute la droiture des vues des Administrateurs ; mais l'équité seule ne suffit pas, il faut une base certaine pour la diriger. L'arbitraire le plus absolu règne dans les Campagnes qu'ils doivent rendre heureuses ; elles gémissent sous le poids des injustices & des véxations : comment y remédieront-ils ? Pour le faire, il faut absolument qu'ils connoissent au vrai les facultés de tous ; mais ils savent qu'elles ne se laissent jamais entrevoir qu'à travers l'avarice qui déguise son aisance, la vanité qui cache sa misère, & la partialité qui altère tout. Auront-ils recours aux déclarations ? Je leur atteste, d'après mon expérience & celle de six siècles, qu'elles n'ont jamais produit que des erreurs & occasionné que des injustices ; que de plus de trente mille que j'ai reçues de particuliers de tous les Ordres, il n'y en a pas eu une seule qui, à la vérification, se soit trouvée, je ne dis pas exacte, mais qui approchât seulement de la vérité (1). Il faut donc chercher

---

(1) Si les Administrateurs, pour satisfaire à la Religion de leur serment, don-

un autre moyen; & pour en faire sentir la nécessité, qu'on me permette quelques réflexions.

Cinquante-deux personnes vont être chargées de la distribution des impôts. Quoique bien convaincu de toute la probité de ces Administrateurs, je ne puis cependant ignorer qu'ils sont des hommes, c'est-à-dire, sujets aux mêmes affections que les autres, aussi jaloux de se maintenir dans leurs priviléges d'état ou de faveur, & ayant une égale horreur pour tout ce qui porte le nom d'imposition. Chacun d'eux aura ses parens, ses amis, ses protégés; ils formeront ensemble une chaîne indissoluble pour se perpétuer dans la faculté de ne point payer ou de payer très-peu. Le Peuple seul, le pauvre Peuple, sera toujours réduit, par le fait même de sa pauvreté, à en supporter tout le poids au gré du caprice, de l'intérêt ou de la passion quelconque d'un Administrateur. A qui aura-t-il recours? Sa partie sera son juge, & l'Administration entière partagera, même involontairement, l'injustice d'un de ses Membres. Quelle réclamation peut-on assurer à l'opprimé contre l'erreur dont il sera la victime? Voici ce que propose.

Voulez-vous faire une opération vraiment utile? Voulez-vous réaliser le vœu le plus cher au cœur du Prince, celui de travailler au bonheur des Peuples qu'il vous a confiés? Etablissez, entre l'oppresseur & le malheureux qu'il veut écraser un Juge également redoutable pour tous deux : que ce Juge ne puisse ni voir, ni entendre, ni palper. Egalement

---

noient une déclaration sincère de leurs biens, il est évident qu'ils seroient seuls les victimes de leur bonne-foi, parce que leur exemple ne seroit suivi par personne.

inaccessible à la douceur des insinuations flatteuses, aux éblouissemens de l'orgueil, au son tranchant de l'or, aux attraits de la volupté, & à la crainte qu'impose l'homme puissant qui demande : que sa voix inflexible prononce dans tous les tems, dans toutes les circonstances & devant tous les témoins intéressés pour ou contre, avec cette inébranlable impartialité qui ne souffre point d'appel. Mais quel sera ce Juge au-dessus des passions, au-dessus même de la nature humaine ? Je l'ai déja nommé, c'est le Cadastre.

Je le propose donc avec confiance aux Administrateurs Provinciaux, non-seulement comme le plus utile au Roi & au Peuple ; mais encore comme devant l'être particuliérement aux deux premiers Ordres de l'Administration, le Clergé & la Noblesse.

Lorsque j'ai établi le Cadastre, j'ai vu s'élever ces deux Corps contre moi ; ils pensoient qu'en présentant le tableau exact de leur fortune, c'étoit attirer sur eux une augmentation d'impôts. L'expérience les a détrompés, puisqu'il est vrai que, sans avoir éprouvé de surcharges, leurs revenus ont doublé par l'augmentation immense de leurs fermes, les défrichemens des terres abandonnées ou négligées, la rentrée des rentes Seigneuriales, des agrières & terrages dont les fonds étoient incultes. Vérités que je suis en état de démontrer par les faits, & qui prouvent que le Cadastre est également utile à tous.

Avec le Cadastre, les Administrations Provinciales rempliront toutes les vues d'utilité & de bienfaisance que le Prince s'en est promis. Il fera naître la liberté dans les campagnes, il en multipliera les richesses, & en bannira les procès & la discorde. Chacun payant au prorata de son avoir, verra sans jalousie l'aisance de son voisin ; il n'aura plus que la noble émulation d'atteindre au même but. Tous béniront le Monarque, le Ministre & les Administrateurs. Ils seront heureux, parce que le bonheur, qui fuit la tyrannie & la misère, marche toujours à côté de la liberté & de l'aisance.

Mais si le Cadastre n'est pas adopté, si on n'écoute que la voix de quelques gens puissans, mal instruits sur leur propre intérêt, si l'arbitraire & le caprice continuent à être la seule règle de l'imposition & de la perception, oui, je ne crains pas de le dire avec assurance, & j'en appelle à l'expérience de l'avenir, cette même Administration, faite pour opérer le bien des Provinces, en deviendra le plus grand fléau. Elles auront à fléchir devant 52 Maîtres de plus, devant leurs parens, leurs amis, devant une armée innombrable de leurs protégés, & le remède, destiné à leur guérison, achevera de les perdre entièrement.

Mais je ne redoute pas ce malheur ; les Administrateurs actuels ne veulent & ne cherchent que l'avantage de leurs concitoyens, ils en ont fait le serment, ils l'ont renouvellé au pied du Trône. Animés de la tendresse paternelle du Monarque qu'ils vont représenter, ils travailleront à le faire adorer par l'équité de leur administration, par leur zèle à soulager le peuple, & par leur sagesse dans le choix des moyens ; ils sentiront que le Cadastre peut seul remplir toutes leurs vues, qu'en l'adoptant, ils élèvent à la félicité des Peuples, & à la gloire du meilleur des Rois, un monument dont le tems ni les paffions des hommes ne pourront jamais ébranler les fondemens.

SECONDE PARTIE.

ÉTABLISSEMENT
D'UN CADASTRE GÉNÉRAL.

Après avoir préfenté le Tableau des malheurs qui réfultent de la Taille arbitraire, fi je n'indiquois les moyens d'y remédier, loin de mériter quelqu'éloge, je me ferois expofé aux reproches de mes concitoyens; j'aurois déchiré l'appareil qui cache la profondeur de leur plaie; j'aurois accru leur mifère en la leur montrant dans toute fon étendue, & je n'aurois fait que leur en rendre l'idée plus cruelle & plus infupportable.

Je vais donc expofer le plan d'une opération exécutée dans une Province du Royaume, & que je crois d'autant plus fûre, que je l'ai rectifiée, & qu'elle eft aujourd'hui le fruit de quarante années de méditation. On y verra que, jaloux de ne rien laiffer à defirer fur une matière auffi importante, je fuis defcendu jufqu'aux plus petits détails, & que j'ai dit comment & pourquoi il falloit tout faire; que j'ai cherché à tout prévoir; & qu'enfin je me fuis fait à moi-même toutes les objections dont mon Ouvrage pouvoit paroître fufceptible. Je ne fais fi je m'aveugle, mais je crois mon travail en état de foutenir l'examen le plus févère, & qu'il offre autant de perfection qu'on peut en efpérer dans la répartition des impôts.

Le Cadaftre, proprement dit, eft un Regiftre public qui contient l'étendue & l'eftimation des biens-fonds d'une Paroiffe. Ainfi *cadaftrer* eft le travail que l'on fait pour parvenir à connoître la quantité & la valeur des terres & héritages de chaque particulier, afin de lui faire fupporter une impofition proportionnée à la valeur réelle de fes fonds, d'après le *marc la livre* fixé par le Prince.

Pour donner plus de clarté à cet Ouvrage, je le diviferai en quatre fections.

La première contiendra les moyens d'établir le Cadaftre ou la Taille réelle.

La feconde traitera de la Taille perfonnelle.

La troifième indiquera la forme de la perception, & les moyens de rendre cette opération ftable pendant plufieurs fiècles, fans être obligé de la renouveller.

La quatrième enfin, préfentera toutes les objections que j'ai prévu pouvoir raifonnablement être faites contre mon Ouvrage.

Je préviens que, pour ne pas donner trop d'étendue à ce Précis, j'y traiterai très-fommairement tous ces objets.

SECTION PREMIÈRE.

Moyens d'établir le Cadastre ou la Taille réelle.

L'ÉTABLISSEMENT du Cadastre roule sur deux points principaux, l'arpentage des terres, & leur estimation. Pour l'arpentage, on sait que la surface de la terre ne varie jamais, quant à l'espace qu'elle occupe, & qu'elle ne peut ni diminuer ni s'aggrandir. Quelque partage qui en soit fait, quelles que soient ses divisions & subdivisions, elle conserve toujours une contenance & des mesures régulières. Un Seigneur foncier transporte à un Censitaire une quantité de terrein, à la charge d'une redevance annuelle en argent ou en grain ; les partages, les divisions de cette concession, ne changent ni ne diminuent en rien le droit entier du Seigneur : chaque partie divisée, quelque petite qu'elle soit, paye sa portion inhérente au sol, & toutes ces parties différentes forment le total de la redevance entière.

QUANT à l'estimation, on n'ignore pas que les Loix du Royaume ont établi des Experts pour estimer la valeur & le revenu des immeubles. Tous les Tribunaux y ont recours, & les Citoyens les employent dans les différentes contestations où ils ont besoin de leurs lumières. L'estimation de mille arpens est aussi facile que celle de dix. Ces vérités, premières & fondamentales, n'ont besoin que d'être présentées pour être senties. Ainsi, arpenter & estimer, sont les deux pivots de l'Ouvrage. J'y en ajoute un troisième, qui consiste à faire vérifier l'exactitude de cette double opération. Je vais traiter ces trois objets.

De l'Arpentement.

Je ne rapporterai point ici ce que j'ai dit des qualités personnelles des Arpenteurs; je ne parlerai que de leurs fonctions, & de la manière dont ils doivent opérer. Ce qu'on va lire sera suffisant pour avoir une idée à peu-près exacte de leur travail.

L'Arpenteur se transportera avec son Porte-chaîne dans la Paroisse qu'il doit arpenter (1); il en assemblera les Habitans, & leur exhibera sa commission; il commencera par demander des Indicateurs pour lui faire connoître le local; & ces Indicateurs seront au moins au nombre de deux. Il dressera son Procès verbal d'arpentage, dans lequel il inscrira ses ordres, son nom, surnom, qualités; les noms, surnoms & qualités des Indicateurs & du Syndic; l'année, mois, jour & heure, & la mesure dont il entend se servir (2). Il invitera les Habitans à l'accompagner s'ils le jugent à propos. Il fera d'abord le tour de la Paroisse avec ses Indicateurs, pour en connoître particulièrement les limites & la situation, & diriger sa marche en conséquence.

---

(1) La meilleure manière d'opérer, est de se servir de la chaîne de 22 pieds qu'il divisera par parties décimales, & réduira à l'arpent Royal de cent perches quarrées faisant 48400 pieds de Roi en superficie. Il emploiera des fiches de fer au nombre de 10 de 18 pouces de haut, & visitera régulièrement sa chaîne pour voir s'il n'y a point quelques mailles doublées ou mêlées. Il doit lui être défendu de faire usage de compas de six pieds, ni de perches, ni de cordeaux ou autres instrumens semblables. Le compas ne tombe jamais perpendiculairement sur sa ligne & entre dans la terre. La perche a le même inconvénient; & le cordeau s'allonge ou se raccourcit suivant le temps. La chaîne, au contraire, suit l'objet qui détermine sa ligne suivant l'équerre; elle rampe sur sa surface & sur le terrein concave ou convexe; elle est clouée à son extrémité, & sa superficie dans les bois & sur la terre ne peut varier.

(2) Pour faciliter l'opération, il est à désirer qu'on puisse adopter pour tout le Royaume la même mesure d'arpentage & la même mesure de pied. Les considérations qui les font varier de Province à Province, sont sans application à un plan de travail qui ne tient point au Commerce.

Il commencera son arpentement par l'Eglise du chef-lieu, & désignera, sous cet article, tous les droits de l'Eglise, le Collateur, le Patron, & le Saint sous l'invocation duquel elle est bâtie. Cette première pièce sera confrontée (1) orientalement dans toutes ses parties, & sa contenance sera inscrite au long. Partant de l'Eglise, premier numéro, il dirigera sa marche entre deux chemins qui le conduiront aux extrémités de la Paroisse de pièce en pièce, & de proche en proche, en formant une chaîne des unes aux autres; de sorte qu'elles soient toutes liées ensemble; que la première arpentée joigne celle du second numéro, celle-ci la troisième, & ainsi jusqu'à la dernière, qui ne doit être interrompue que par les rivières ou chemins, de manière qu'il n'y ait jamais que leur traversée qui rompe la chaîne (2).

L'Arpenteur aura le plus grand soin, sous chaque N°., de distinguer le nom de la pièce, suivant les natures de terre dont elle sera composée, si c'est prés, bois, &c. La contenance de chacune sera mise en ordre, & la totalité réunie sera confrontée orientalement. On y joindra le nom, surnom, qualité & demeure du Propriétaire, & celui du Fermier ou exploitant. Dans sa marche il se fera représenter, autant qu'il sera possible, les contrats, mutations, ventes, échanges, licitations, ou autres actes, portant indication de la valeur de l'héritage ou usufruit, & il marquera avec attention toutes les pièces où il y auroit une surcharge de directe dans les anciennes concessions (3).

---

(1) C'est-à-dire, tenant du midi, à la terre de Jean.... du nord, à la vigne de Pierre.... de l'Orient, au bois de George d.... de l'Occident, au pré de François; par là les confrontations sont immuables.

(2) On verra par le Plan géométral, joint au travail, la marche que doit tenir l'Arpenteur.

(3) Les redevances en espèces sont aujourd'hui très-foibles par le numéraire de l'argent qui est beaucoup augmenté, au contraire, les Rentes Seigneuriales en grains sont une charge extrêmement lourde pour les Censitaires.

En quittant le second N°., l'Arpenteur entrera dans le troisième. Si c'est une maison, il en fera le détail par pièces, travées, granges, écuries, colombier, cour, basse-cour, jardin, &c., & en donnera les différentes contenances & confrontations : il désignera sous ce N°. le nombre des enfans du Propriétaire ou Fermier, & leur âge ; ses bestiaux par qualités & quantités, & l'état de ses charrues. Il s'instruira de la valeur de ce Domaine, & en prendra note. C'est ainsi qu'en continuant sa chaîne, & tournant autour de son centre, en ramassant & confrontant toutes les pièces, sans en excepter une seule, Nos. par Nos., il vient finir au lieu où il a commencé, sans s'être dérangé de sa marche, & sans avoir oublié aucun des objets enclavés dans l'étendue de la Paroisse (1).

Les Arpenteurs laisseront en blanc l'estimation de chaque pièce, pour être remplie par les Experts. Leurs Procès-verbaux seront lisiblement & correctement écrits ; & chacune de leurs journées doit être arrêtée, signée d'eux, de leurs Indicateurs & du Syndic. Comme ils séjournent un certain temps dans les Paroisses pour les arpenter, il leur sera aisé de connoître la valeur des terres qui y sont enclavées, & de s'instruire de leurs diverses qualités, afin d'aider aux Experts à faire leur estimation.

Indépendamment du mesurage général de tout ce qui compose une Paroisse, à commencer par l'Eglise, Domaines du Roi, & des Princes, Gens de Main-morte, Nobles, &c., les Arpenteurs seront encore assujettis à tous les détails sur les

---

(1) Chez les Romains, toutes les terres étoient sujettes aux impositions réelles, & inscrites, à cet effet, dans les Registres nommés Polyptiques, qui étoient confiés aux Magistrats des Villes. Chaque Cité avoit donc son Cadastre, & l'on connoissoit tous les fonds qui, dans l'étendue de son territoire, devoient contribuer au payement des sommes levées par les Décurions. *Page 300 de l'Histoire de France, par M. Moreau.*

moulins, forges, verreries, manufactures, tuileries, tanneries, paffages, halles, minages, places publiques, &c. Chaque objet doit être diftingué par contenance & par confrontations. Le moulin, par le nombre de fes meules à froment ou méteil, & par la rivière, le ruiffeau, ou l'étang où il eft fitué. La forge, par la matière qui s'y fabrique, fi c'eft fer, acier, &c.

Ils doivent encore fe faire rendre compte des rentes Seigneuriales, ainfi que de leurs furcharges. N'eft-il pas de première juftice qu'une terre, qui fupporte une forte redevance directe, foit moins eftimée qu'une terre de même qualité qui n'en feroit point chargée? Ce font-là de ces confidérations dans lefquelles il faut entrer pour en prévenir les Experts, fans quoi l'opération ne feroit ni égale ni proportionnelle. Il en doit être de même des autres droits Seigneuriaux, comme dixmes inféodées, tierceries, champarts, agriers, &c., qui doivent faire modérer l'eftimation, lorfqu'il y a furcharge.

A la fin de leur procès-verbal, les Arpenteurs donneront une idée topographique de la Paroiffe, fous le titre d'Obfervations générales. Elles contiendront le lieu où la Paroiffe eft fituée, fa diftance de fa Ville capitale, & des autres Villes qui l'avoifinent, le nom du Patron de l'Eglife, & de quel Diocèfe, le nom des Collateur & Décimateur: à quelle quotité ils prennent leurs revenus, & en quoi ils confiftent: le nom des Seigneurs fonciers, leurs droits & prétentions dans la Paroiffe: les foires, marchés & commerce: la proximité ou l'éloignement des rivières navigables & des grands chemins: la fituation générale des Habitans: les facilités ou les difficultés qu'ils ont pour le commerce, leurs occupations journalières: les rivières qui y paffent, & la propriété de leurs eaux pour y former de bonnes ou mauvaises prairies : la qualité de chaque nature ou espèce de terres, & celles qui y sont dominantes : le commerce des grains & autres fruits qui s'y recueillent : enfin ils donneront les confrontations les plus régulières de la Paroisse pour pouvoir en connoître facilement les limites.

(1). Ils feront aussi le mesurage dans la forme ci-dessus de toutes les terres abandonnées, & l'Expert en portera l'estimation pour mémoire.

Leur arpentement fini, ils assembleront les Habitans, à qui ils feront lecture de leur procès-verbal. S'il se trouve des pièces dont la contenance soit contestée ou mal indiquée, ils retourneront sur les lieux avec les principaux Habitans pour en refaire l'arpentement en présence du plaignant. S'il y a de l'erreur, elle sera corrigée sur-le-champ. Si tout est juste, ils remettront leur procès-verbal aux Experts.

De l'Estimation.

En arrivant dans une Paroisse, les Experts (2) doivent, avant tout, travailler avec l'Arpenteur à se former une idée générale de la valeur intrinsèque des fonds, des cantons bons ou mauvais, & se faire, d'après les connoissances qu'ils acquerront, un plan d'équilibre & de proportion, en estimant chaque espèce & chaque nature de terre relativement à son assiette & à sa qualité. Ils doivent toujours observer de ne rien forcer

---

(1) Cet Ouvrage présentera peut-être à ceux qui ne le connoissent pas, des difficultés dans son exécution ; mais j'ose assurer, d'après ma propre expérience, qu'il n'est pas d'Arpenteur, pour peu qu'il ait d'intelligence, qui ne soit en état de le faire sans le plus léger obstacle.

(2) On doit avoir l'attention de ne jamais prendre les Experts dans la Paroisse qu'ils doivent estimer. Leur intérêt particulier pourroit peut-être les porter à se soulager, ainsi que leurs parens & amis, ce qui occasionneroit des plaintes & des injustices.

dans leur estimation, de crainte qu'étant trop forte, elle ne nuise au Propriétaire, & ne le force d'abandonner son héritage.

S'il est intéressant pour eux de consulter les Habitans, & de chercher à en tirer des connoissances, il ne l'est pas moins de prendre des précautions pour ne pas tomber dans leurs piéges. Le Paysan, en général, est fin; il n'y a rien qu'il ne sacrifie pour se procurer une diminution. Il se cache sous toutes les formes. Son air de probité & de désintéressement, la compassion qu'il cherche à inspirer sur sa prétendue misère, font souvent commettre des injustices. Les Experts doivent s'en méfier, & ne leur faire connoître leur travail que lorsqu'il est absolument terminé.

Après ces connoissances préliminaires, l'Expert doit se transporter à la porte de l'Eglise au jour qu'il aura indiqué. Il assemblera les Habitans, & leur demandera, qu'à la pluralité des voix, les deux Habitans les plus honnêtes & les plus instruits soient nommés pour l'aider dans son opération. Ces deux hommes seront tenus de prêter serment entre ses mains de l'instruire en leur ame & conscience. Alors l'Arpenteur lui remettra son Procès-verbal d'arpentement en présence de la communauté; il le suivra sur tous les numéros qu'il contiendra; & lui en fera la montrée dans le même ordre qu'ils sont présentés sur le susdit Procès-verbal, sans y rien changer, & en suivant la même marche sans pouvoir s'en détourner.

L'Expert ne doit former aucun plan particulier d'estimation par classes. Il doit lui être défendu d'opérer par qualités. Si dans une Paroisse il y a des terres qui s'estiment depuis mille écus jusqu'à trois livres, il doit suivre ces différentes gradations pour parvenir à une taxe juste & proportionnelle. J'ai fait connoître l'irrégularité de ces sortes de taxes par qualités

* G

dans les lieux où le Cadastre est établi, & combien il est intéressant de présenter la fortune des citoyens telle qu'elle est *au vrai*.

L'Expert examinera donc les différentes natures d'héritages; & à côté de la contenance, en marge, il placera seulement son chiffre qui fixera le revenu de l'arpent : c'est-à-dire que si la terre vaut dix livres de revenu net, il écrira en chiffres romains X liv. S'il juge qu'elle vaille quarante livres, il mettra à côté XL liv. Je dis en chiffres romains, parce que les Habitans, qui sur chaque pièce connoîtroient le chiffre ordinaire, feroient autant de discussions qu'il y auroit de numéros. Il ne doit y avoir d'estimation effective que sur les corps d'habitations qui n'éprouvent point de réduction ; au lieu que les terres, fixées à l'arpent, sont réduites à raison de leur étendue, c'est-à-dire à tant l'arpent, tant la toise & le pied.

Si la pièce contient un quatrième ou un huitième d'arpent, la réduction se fait dans la proportion du prix donné à l'arpent (1).

Les Experts doivent s'attacher à connoître parfaitement la valeur des denrées, fruits, profits & revenus de chaque nature d'héritage, eu égard à leur situation, au commerce, à la consommation, & aux avantages ou désavantages résultants de la proximité ou de l'éloignement des Villes, grands chemins ou rivières navigables. Une pièce de vin vaut, dans un lieu de consommation, trente livres, & se vend moitié moins dans un lieu où il n'y en pas : l'arpent de terre, de vigne, de taillis, qui s'estime mille livres à la porte d'une ville, seroit trop ap-

---

(1) J'ai ajouté à mon Ouvrage un Tarif pour ces sortes de fractions & de réductions.

précié au huitième & au seizième, dans une campagne isolée, quoique l'un & l'autre soient de même qualité.

Il est certain que les Habitans des Villes & Paroisses à la proximité du commerce, sont moins malheureux que ceux qui en sont éloignés. Les premiers trouvent des ressources dans leurs travaux & dans leur industrie ; l'argent circule parmi eux, ils n'ont aucuns frais pour la vente de leurs récoltes, tout se consomme auprès d'eux. L'Habitant éloigné est réellement pauvre & malheureux. Sa nourriture, ses vêtemens, ses meubles, jusqu'à son individu, tout annonce la misère. Qu'on visite les Provinces de l'Auvergne, du Berry, du Limousin, & qu'on compare leurs Habitans avec ceux des Provinces où règne le commerce, l'on sera frappé de la différence. Aussi voyons-nous les premiers quitter tous les ans leurs femmes, leurs enfans, & parcourir le Royaume pour y acheter leur subsistance au prix des travaux les plus pénibles. Il seroit donc injuste, il seroit même atroce, d'apprécier les terres des uns & des autres à la même valeur.

Les terres labourables sont dominantes en France. S'il n'y en avoit que de deux à trois classes, il seroit aisé de les estimer par première, seconde & troisième qualité ; & à leur inspection on les classeroit facilement. Mais une opération, ainsi faite, blesseroit l'équité, & seroit plus dangereuse que la répartition la plus arbitraire. Dans une même pièce, il se trouve des terres dont les unes valent mille livres l'arpent, & d'autres qui seroient trop chères à cinquante livres. Ainsi, si l'Expert veut fixer les fonds dans la plus juste proportion, il faut qu'il forme son estimation depuis cinquante livres jusqu'à deux livres, plus ou moins, suivant leur valeur réelle (1).

---

(1) On trouvera dans mon Ouvrage un Traité sur les différentes natures d'héri-

(52)

Quand tous les articles portés sur le Procès-verbal ont été vus, visités & estimés, & que tous les renseignemens pris par l'Arpenteur ont été exactement vérifiés; ce dernier fait ses réductions sur chaque pièce, d'après l'estimation que l'Expert a porté en marge du Procès-verbal, avec l'attention de n'en oublier aucune.

Alors les Experts & Arpenteurs assemblent les Habitans, & leur donnent communication, article par article, de tout leur travail. Ils leur délivrent en outre une copie de ce qui les concerne chacun en particulier, afin qu'ils puissent connoître si la proportion a été bien observée, & s'ils ont quelques représentations à faire. Lorsque toutes ces formalités sont remplies, l'Expert met son estimation en toutes lettres, clôt son Procès-verbal, le fait signer à l'Arpenteur & aux Habitans, & le remet au Commissaire préposé pour en faire la vérification.

Des Vérifications.

Pour atteindre toute la perfection requise dans un travail de cette importance, il est absolument nécessaire de s'assurer si l'arpentage & l'estimation, qui sont les deux objets essentiels, sont parfaitement justes. Voici comme on y parviendra.

Je viens de dire que les Arpenteurs & Experts, après avoir terminé leur ouvrage, étoient obligés de faire un relevé de tous les numéros portés au Procès-verbal, & de les classer

---

tages qui composent les Campagnes, & sur la manière de les reconnoître. Je ne ferai qu'en rapporter ici les noms : terre franche; terre meuble; terre hâtive; terre forte; terre brûlante, sablonneuse, légère & sèche; terre froide & humide; terre maigre, terre retardée; terre en luzerne & sainfoin; terre à safran, à chanvre & à lin; terre à prés; bois : leurs natures depuis la haute-futaie jusqu'aux oseraies : & enfin les vignes. Ce dernier article mérite sur-tout la plus grande attention par la variété presque infinie qui se trouve dans cette nature de biens.

sous les noms de chaque propriétaire. Souvent un particulier possède dans une même Paroisse plusieurs parties de terre séparées, dont l'une peut être désignée sous le N°. six, & l'autre sous le N°. cinq cents : la feuille (1) qu'on lui remet les contient toutes, avec les contenances & l'estimation de chacune. En délivrant cette feuille aux Habitans, on les préviendra qu'il doit venir un Commissaire, avec ordre de faire la vérification générale de tout l'ouvrage, & qu'ils pourront lui faire toutes les observations qu'ils croiront nécessaires à leurs intérêts.

Le Commissaire (2) arrivé dans la Paroisse, doit, avant tout, s'instruire particulièrement de la justesse des estimations ; si elles sont forcées ou à trop bas prix ; si l'erreur est générale pour toute la Paroisse, où si elle ne regarde que quelques hameaux. Après ces connoissances premières, il assemblera les Habitans, & les engagera à lui nommer, pour l'aider dans sa vérification, les quatre d'entr'eux qu'ils estimeront les plus honnêtes & les plus instruits, à qui ils promettront de s'en rapporter.

Alors, en présence de l'Arpenteur, de l'Expert, des quatre Habitans & de toute la Paroisse, il commencera sa vérification par le premier numéro, & il ira toujours de suite jusqu'au dernier. Au fur & à mesure qu'il parcourra les numéros, il en appellera les propriétaires, pour qu'ils aient à déclarer s'ils ont à se plaindre de l'arpentage ou de l'estimation. S'ils trouvent l'estimation forcée, le Commissaire interroge l'Expert & les quatre Habitans, & après s'être assuré de la vérité, il fera rectifier l'erreur si elle existe, ou laissera l'esti-

___

(1) Je parlerai plus au long de ces feuilles à la Section troisième, Article, Feuilles de relevé.

(2) Ce Commissaire pourra être le même dont je parlerai ci-après.

mation telle qu'elle a été portée par l'Expert, si elle est juste. Cette opération se fera, comme je viens de le dire, en présence de tous ; parce que rien n'est plus propre à inspirer la confiance que cette publicité qui ne laisse rien à la voie arbitraire.

Lorsque tous les numéros sont vérifiés (1), & que chacun a déclaré être content de ce qui le concerne ; le Commissaire, bien assuré de la justesse de l'opération, fait procéder au mis au net du Cadastre qui alors devient une pièce sacrée, à laquelle il n'est plus permis de toucher.

Telle est mon opération pour l'établissement du Cadastre; tels sont les fondemens que je lui donne : & je suis persuadé que personne ne pourra en contester la solidité. Elle est juste, elle est exacte dans tous ses principes, & ne présente ni vexation, ni arbitraire, puisque tout se fait en présence & de l'aveu des parties intéressées. Le procès-verbal du Cadastre présente donc, dans le plus grand détail, tous les biens-fonds qui sont dans une Paroisse, leur étendue & leur juste valeur, afin de connoître l'imposition réelle & proportionnelle qu'ils doivent supporter.

Avant de dire quelle forme il convient de donner à cette Taille réelle, je vais traiter de la personnelle qui doit, comme l'autre, entrer dans les revenus de l'Etat.

---

(1) Pour peu qu'on soit instruit de ce qui concerne le Cadastre, on sentira combien j'ai traité sommairement cet article des vérifications, un des plus importans & des plus étendus de mon Ouvrage. Mais on verra aussi qu'il ne m'auroit pas été possible d'entrer dans de plus grands détails, sans sortir des bornes prescrites à un Précis.

SECTION SECONDE.

Moyens d'établir la Taille personnelle.

L'ÉTABLISSEMENT du Cadastre que je présente, ne regarde, comme on vient de le voir, que les immeubles. C'est ce qu'on appelle Taille réelle. Il en existe une seconde qui est la Taille personnelle : c'est-à-dire, celle que doivent payer tous ceux qui, n'ayant point de biens fonds, vivent de leur industrie. On doit sentir combien il est important, dans un plan général, de faire contribuer aux besoins de l'Etat tous les Sujets qui y respirent. Si leurs fortunes sont inégales, leurs impositions doivent l'être. Mais ils doivent tous payer, proportionnément à leurs facultés, la protection du Gouvernement dont ils jouissent. Ce sont les dispositions de tous les Règlemens, qui en cela sont conformes à la plus exacte justice.

APRÈS la culture des terres, rien n'est plus avantageux à l'Etat que l'industrie. Elle seule peut rendre un Royaume florissant. Par elle seule la moitié de ses Habitans peut subsister. Elle est faite pour être protégée, & de trop fortes taxes l'anéantiroient. Mais, s'il y a du danger à la surcharger, il n'y en auroit pas moins à la trop soulager, puisqu'alors on feroit retomber toutes les charges sur les fonds. Bientôt les propriétaires & les cultivateurs, accablés sous le poids des impositions, abandonneroient la culture des terres, objet encore plus précieux à l'Etat que l'industrie.

IL faut donc trouver dans la Taille personnelle, la même proportion que dans la réelle. C'est à quoi je me suis appliqué : & je vais présenter mes idées sur cet objet important.

LA Taille réelle est annexée aux immeubles. Attachée au sol, elle doit être invariable. La Taille personnelle suit la perfonne; elle fe perçoit en raifon des facultés, induftrie & commerce. Chaque variation dans la perfonne du Taillable, dans fon état, dans fa fortune, doit faire varier fon impofition.

Je commence par prévenir que de tous les objets d'impofition, il n'en eft point qui tombe plus dans l'arbitraire que l'induftrie en général. Il eft prefqu'impoffible de connoître exactement le profit qu'un particulier fait avec fes bras, celui de fon commerce, de fa profeffion : il peut toujours fe plaindre, fans que l'on puiffe approfondir ni juger la réalité de fes plaintes. Peut-on pénétrer dans le fecret de l'artifan, du commerçant, des gens de profeffion? Il faut donc qu'ils foient en partie Juges dans leur propre caufe; & dans ce cas, à combien d'abus n'eft-on pas expofé?

Pour parer à cet inconvénient, & atteindre, dans l'affiette de la Taille perfonnelle, le degré proportionnel qui approche le plus de la perfection, voici ce que je propofe.

Le Commiffaire, après la clôture du Cadaftre, fera un relevé de tous les Habitans fujets à l'induftrie, & il en dreffera fon Procès-verbal (1). Chaque particulier, défigné dans l'état, fera tenu de faire la déclaration du produit de fon induftrie, de l'affirmer & de la figner. Les quatre Habitans, que j'ai dit être nommés par la Paroiffe pour préfider aux vérifications, affifteront à cette déclaration. Si le particulier accufe au-deffous de la valeur de fon revenu, il fera contredit par les quatre Habitans qui décideront en dernier reffort la conteftation (2).

Indépendamment de ce moyen, je vais donner mes idées fur chaque nature d'induftrie, pour fervir de bafe à leur impofition.

(1) On en trouvera le modèle dans mon Ouvrage.
(2) Cet expédient eft d'autant meilleur, que dans une Paroiffe, il eft rare que les Habitans ne fachent parfaitement les facultés les uns des autres. Ce font eux-mêmes qui fe décèlent; & le Commiffaire n'a à employer aucunes voies d'autorité ni d'arbitraire.

Des

Des Journaliers & Manœuvres.

L'industrie des Journaliers & Manœuvres varie en raison de la situation de leur Paroisse. Ceux qui sont voisins des Villes Capitales, de celles de commerce, & des lieux où il y a des manufactures, des forges, des vignes, des forêts, &c., sont dans le cas d'être journellement employés, & ont un revenu réel & suivi. Ceux qui sont éloignés des Villes, qui ne s'occupent qu'à la culture pour les Laboureurs, ou à ramasser des fruits à for-fait, n'ont qu'un gain hasardé, momentané, & beaucoup plus foible. Il faut donc les distinguer.

Pour y parvenir, on doit établir le produit de leurs journées d'hiver & d'été. Si, par exemple, le Journalier de la première classe gagne vingt sols l'été & douze sols l'hiver, la proportion de l'année sera de seize sols par jour. Si celui de la deuxième classe gagne douze sols l'été & huit sols l'hiver, la proportion sera de dix sols par jour.

L'année est composée de trois cents soixante-cinq jours. Il faut en distraire deux cents soixante-cinq pour les Dimanches, Fêtes, jours de pluies, de gelées, de maladies, ou autres employés à cultiver le petit jardin qu'on peut leur présumer. Il restera donc cent jours utiles qu'ils donnent aux travaux d'autrui, & qui leur sont payés. L'estimation de la journée du Manœuvre de la première classe, fixée à seize sols, produira quatre-vingt livres de revenu qui, au sol pour livre consacré à l'imposition, formera une taxe unique & invariable de quatre livres. La journée du Manœuvre de la seconde classe, estimée dix sols, formera un capital de cinquante livres qui l'assujettira à une imposition de deux livres dix sols.

Cette taxe est simple, & il n'est pas possible qu'on puisse la soupçonner d'être arbitraire : il ne faut pas oublier que

H *

tout Journalier, au-deſſous de vingt-cinq ans, travaillant avec ſon père, & portant ſon profit à la communauté, ne doit pas être taxé. Ce principe eſt conforme aux Ordonnances, & à la nature, qui veut que les enfans, étant grands, dédommagent leurs pères des ſoins & des dépenſes que leur bas âge leur a occaſionnés. Malheur à ceux qui veulent que le Payſan ſoit toujours dans la miſère ! ce ſyſtême eſt deſtructeur, & révolte l'humanité. Je le dis avec vérité, la miſère ne produit que des miſérables dans toute l'étendue de ce terme ; l'aiſance ſeule fait des hommes.

Tout homme qui poſsède, en propre, ou à ferme, un terrein ſuffiſant pour l'occuper, doit être exempt de toute taxe d'induſtrie.

Les malades, eſtropiés, infirmes, ſeptuagénaires, ne doivent pas être taxés à la Taille perſonnelle, mais ſimplement portés pour mémoire dans le Rôle de leur Paroiſſe, s'ils n'ont aucune propriété.

Des Artiſans.

On doit les diſtinguer en deux claſſes : ceux qui ne font payer que des façons, tels que les Tailleurs, Tiſſerands, Cardeurs, &c., & ceux qui travaillent les matières qu'ils achètent, comme les Maréchaux, Serruriers, Cordonniers, Bouchers, &c. La taxe des premiers doit être en général du double de celle des Journaliers ; & celle des ſeconds du triple. C'eſt-à-dire que ſi le Journalier paye quatre livres, l'Artiſan de la première claſſe doit payer au moins huit livres, & celui de la ſeconde douze francs. Je dis au moins, parce que cette taxe ne doit pas être uniforme, même entre les Artiſans de la même claſſe. Sans cela elle ſeroit injuſte. De deux Bouchers, l'un tue quatre bœufs par ſemaine, & l'autre aura bien de la peine à trouver le débit d'une vache. Si leurs taxes étoient égales, elles feroient iniques ; parce que le premier peut payer cinquante livres, & que l'autre feroit taxé trop haut à quinze francs. Ils font à la vérité du même métier, mais leur fortune est bien différente.

On doit avoir la plus grande confidération pour les pères de famille chargés de beaucoup d'enfans (1) en bas âge, pour les veuves & les filles qui exercent quelque métier, & qui cherchent, en continuant l'état de leurs maris ou de leurs pères, à fe fauver de la misère. On ne peut fixer aucune règle certaine fur ces objets ; on doit s'en rapporter à l'intelligence & à l'humanité du Commiffaire & des quatre Habitans prépofés à cette opération.

Des Gens de Profeſſion.

J'ENTENDS par-là les particuliers dont le revenu confifte dans les émolumens attachés à quelque fonction publique. Tels font les Chirurgiens, Apothicaires, Notaires, Procureurs, Greffiers, Arpenteurs, Huiffiers, &c. Ils doivent fournir au Commiffaire une déclaration, fignée d'eux, contenant ce que leur produit annuellement leur profeffion (2). Cette déclaration eft rendue publique. Les Habitans doivent examiner fi elle eft fincère, & la combattre fi elle eft infidèle. Le Commiffaire tirera le fol pour livre du revenu du déclarant, pour en fixer l'impofition, qui ne doit jamais, fans les motifs les plus puiffans & les mieux conftatés, être au-deffous du quadruple de la taxe des Journaliers, mais qui peut être portée beaucoup au-deffus.

---

(1) Une ancienne Déclaration du Roi affranchiffoit de toutes taxes perfonnelles l'homme ayant dix enfans vivans. Cette loi refpectable eft encore en vigueur dans une de nos Provinces. Pourquoi ne l'eft-elle pas dans tout le Royaume ?

(2) Qu'on ne perde point de vue que je parle toujours des Campagnes & non des Villes.

Nul Règlement n'a assujetti à l'industrie, en raison de leurs honoraires, les Médecins & les Avocats. Ils doivent donc n'en point payer : mais si l'Avocat fait tout-à-la-fois les fonctions de Procureur, & le Médecin celles d'Apothicaire ou de Chirurgien, alors ils rentrent dans la classe générale, & doivent être taxés au sol pour livre de ce qu'ils gagnent dans toutes leurs fonctions, n'étant pas possible de diviser ce qui provient des différens emplois & professions qu'ils exercent.

Le Bourgeois, qui n'a ni art ni profession, doit être employé sur les Rôles, à raison seulement de ses immeubles, proportionnellement avec les autres Habitans de la Paroisse.

Des Bestiaux.

Quoique dans les Provinces cadastrées on taxe les bestiaux ; quoique cet usage ait passé dans les pays d'Election, je ne trouve aucune Loi qui autorise, nommément, cette imposition. Je sais que dans les lieux où la Taille est arbitraire, tout sert de base à l'impôt ; & qu'un Collecteur est plus séduit à la vue d'un troupeau qui assure sa perception, que par l'espoir d'une récolte, toujours incertaine & souvent difficile à recueillir. Dans le plan général que je propose, j'élague tout ce qui est abus ; & je suis en état de prouver que la taxe sur les bestiaux est aussi injuste que dangereuse pour les Cultivateurs.

Les terres doivent supporter l'imposition. N'est-ce pas faire un double emploi, que d'imposer aussi les bestiaux, puisque ceux-ci sont les instrumens de leur culture, & que les uns & les autres ne peuvent se diviser ? Lorsqu'on taxe un Ouvrier à raison de son industrie, peut-on le taxer pour les différens outils dont il se sert ? Cette dernière proposition paroîtroit révoltante ; elle seroit cependant la même que la première dans l'espèce, puisque les bestiaux sont les outils que les Laboureurs employent pour cultiver la terre & la féconder de leurs engrais.

Dans les Provinces qui fournissent des bestiaux aux principales Villes du Royaume, on sait que ceux qui les élèvent, y employent leurs denrées & leurs fourrages, & que c'est par la vente qu'ils en font, qu'ils satisfont à leurs impositions. Ainsi, taxés à raison de leur terrein, taxés pour leurs bestiaux qui en consomment les productions, c'est une double charge qui présente la plus grande irrégularité. Joignez à cette injustice les conséquences qui en résultent, & vous verrez que le Propriétaire n'osera plus élever de bestiaux ; que la terre manquera d'engrais, & que ce commerce, si précieux pour les gens de la campagne, finira par s'anéantir. En supprimant cette taxe, tout prendra une face nouvelle. Les campagnes s'enrichiront, & l'Agriculture sera portée à sa plus grande perfection.

Ce que je viens de dire ne peut s'appliquer qu'au Propriétaire qui fait consommer à ses élèves ses propres denrées ; car celui qui achète des fourrages pour élever & vendre des bestiaux, est un Marchand qui doit être taxé comme tel, en raison du bénéfice qu'il peut faire dans son commerce.

J'ai vu dans les Provinces où on a établi la Taille tariffée, qu'on y impose jusqu'aux ruches à miel. Cette taxe n'est fondée sur aucune Loi, & suffit pour en faire disparoître l'espèce en France. Le Paysan, tout grossier qu'il paroît, combine tout ce qui est relatif à ses intérêts ; & s'il trouve que la balance penche du côté des charges, il se prive sur le champ de tout ce qui peut lui occasionner une augmentation.

On a perdu en Limousin l'espèce de chevaux qui s'y élevoient, & qui étoient également une ressource pour cette Province &

pour l'Etat ; parce qu'on a supprimé (1) une légère gratification à ceux qui en faisoient des élèves, & qu'ensuite on les a taxés à raison du bénéfice qu'on a soupçonné qu'ils en pouvoient tirer.

Pour finir cet article de la Taille personnelle, je dirai, qu'étant sujette à toutes les révolutions qui arrivent dans la personne & les biens des particuliers, on doit procéder tous les ans à un nouveau Procès-verbal, pour y recevoir les changemens ; que ce Procès-verbal doit être fait par le Commissaire & par quatre Députés de la Paroisse nommés capitulairement, & toujours en présence des Parties & de toute la Communauté assemblée.

SECTION TROISIÈME.

Forme de la Perception, moyen de rendre l'opération stable.

Apres avoir établi les moyens d'asseoir la Taille réelle & la Taille personnelle, avoir indiqué les principes qui doivent conduire à une répartition juste & proportionnelle, il me reste à parler de la forme de ce travail, & à dire comment on peut parvenir à lui donner une solidité qui le mette à l'abri des révolutions de plusieurs siècles.

Pour présenter ce travail dans toute sa clarté, j'ai rapporté dans le second volume de mon Ouvrage un Cadastre fait & parfait, pour servir d'exemple & de modèle. Il est d'autant

---

(1) Le Gouvernement accordoit huit livres en diminution sur la Taille à chaque particulier qui élevoit une Jument de taille à produire de belle espèce de Poulains.

plus frappant, qu'il eſt accompagné d'un plan géométral. Ce Cadaſtre offre à l'œil & à l'imagination l'ordre & la marche de toute l'opération. On verra que j'y ai raſſemblé toutes les différentes natures de choſes qui peuvent ſe rencontrer ſur la ſurface du terrain, afin qu'on ne puiſſe être arrêté par aucunes difficultés.

Je vais donner une idée ſuccinte des moyens que je propoſe pour la ſolidité de cet Ouvrage. Ils peuvent ſe réduire à trois principaux. Les Feuilles de relevé, le dépôt des Cadaſtres, & la forme des Rôles & de la perception.

Feuilles de Relevé.

Le Cadaſtre, comme on a dû le voir, n'eſt autre choſe qu'un Procès-verbal qui contient l'arpentage & l'eſtimation de tous les objets qui ſe trouvent enclavés dans une même Paroiſſe par ordre de numéros. Ce Procès-verbal doit être regardé comme un Acte public & authentique, qui doit toujours ſoutenir ſa première compoſition ſans altération quelconque. Si on y appliquoit toutes les variations qui arrivent par ſucceſſion de temps, cet original ne préſenteroit plus que déſordre & confuſion, & bientôt on n'y reconnoîtroit aucunes traces de l'opération primitive. Pour le perpétuer, ſans l'altérer (1) & ſans y apporter le plus léger changement, je fais le dépouillement de tous ſes numéros ſur des feuilles de relevé. Ces feuilles préſentent ſix colonnes.

---

(1) C'eſt la même forme que dans les Terriers. On ſait que les devoirs des Cens Seigneuriaux ſe ſoutiennent depuis la première conceſſion juſqu'à nous. Les Redevances en argent, que le Roi exigera de ſes Sujets, ſe perpétueront également, juſqu'à ce qu'il lui plaiſe de faire procéder au renouvellement d'un Cadaſtre, ce qui ne peut ſe préſumer qu'après la révolution de pluſieurs ſiècles.

La première contiendra le N°. de la feuille de relevé, le chef-lieu d'où dépendent les héritages, & le nom du Propriétaire.

La seconde, le N°. sous lequel chaque pièce de terre est comprise dans le Cadastre.

La troisième, le nom & la nature du fonds de chaque N°.

La quatrième, la contenance en arpents, perches, & pieds, de chaque N°.

La cinquième, l'estimation des N^{os}.

La sixième sera destinée pour y inscrire les mutations par ventes, échanges, partages, licitations, &c. qui peuvent arriver d'un numéro ou de partie d'un N°. passant d'un Propriétaire à un autre. Elle contiendra tous les objets qui peuvent y avoir rapport, les motifs des changemens, les titres de propriété, les contrats de mutation, les reconnoissances des nouveaux Propriétaires, le tout par extrait. Les renvois d'un article de relevé à un autre, les changemens qui surviennent dans la nature d'une pièce de terre convertie en vigne, pré, ou qui pourroit être abandonnée : toutes ces variations se succèderont graduellement, & de manière qu'après un temps immémorial on pourra remonter jusqu'au numero primitif du Cadastre. C'est ainsi que se perpétueront l'histoire des familles, leur généalogie, & leurs diverses propriétés, dans les temps les plus reculés.

Lorsque le dépouillement du Cadastre est fait, on range les feuilles de relevé par suite de villages, hameaux, corps de ferme, &c., en commençant par l'Église, afin de faciliter les recherches & la marche de ceux qui sont chargés des recouvremens. L'ordre des feuilles doit servir de base aux Rôles des impositions.

J'ai

J'ai déja dit que chaque Propriétaire devoit avoir pardevers lui une copie de cette feuille, qui lui présente le tableau des différentes pièces d'héritages qu'il possède dans la Paroisse, par noms, natures, contenances & estimations. Aussi-tôt qu'il est instruit du marc la livre, il fait lui-même sa répartition sur sa feuille de relevé, & peut faire également celle de tous ses voisins. Celui qui achète un N°. est augmenté en raison de ce qu'il est estimé par le Cadastre, & le vendeur diminué d'autant. Il seroit impossible de se tromper d'un sol, sans que toute la Paroisse s'en apperçût, & sans être exposé aux clameurs publiques.

Des Dépôts généraux & particuliers des Cadastres.

L'INTENTION du Roi, en établissant la Taille réelle dans le Royaume, est de mettre ses Sujets en état de connoître les différens objets qui donnent lieu à leurs impositions, & de rendre leurs taxes invariables & toujours relatives à leurs véritables facultés. Le Cadastre renferme tous ces avantages à l'égard des fonds, & les Procès-verbaux à l'égard des taxes personnelles. Il est donc absolument indispensable que ces deux titres, qui font la base de l'édifice, soient mis à l'abri de toute altération, & précieusement conservés dans des dépôts généraux & particuliers.

PAR la Déclaration du Roi, du mois de Décembre 1761, il est ordonné que tous les Registres, feuilles de relevé, &c. feront déposés au Greffe de la Jurisdiction, dans l'arrondissement de laquelle chaque Paroisse se trouve située. Voilà, à la vérité, un premier dépôt bien établi, quant à la solidité: mais il en faut un particulier pour l'utilité publique, & pour maintenir l'ordre des mutations & des variations qui arrivent journellement. Il paroîtroit conforme à la justice que les Registres des fonds, & des Procès-verbaux des taxes perfonnelles, fuffent dépofés dans chaque Paroiffe fous les yeux des Habitans ; que celui qui en feroit chargé le fût auffi des mutations, & de faire paffer tous les ans au Greffe de fon Election les changemens qui arrivent dans fa Paroiffe : mais comment trouver dans un village un homme affez intelligent pour faire l'application des changemens, & entretenir la correfpondance avec l'Intendant & les Officiers de fon Election ?

Si d'un côté cette difficulté empêche l'établiffement d'un dépôt dans chaque Paroiffe, il n'eft pas jufte non plus de priver abfolument les Habitans d'un travail qui les concerne uniquement, & de les faire voyager au Siége de leur Election, fouvent très-éloigné.

On verra que je propofe, au lieu de Collecteurs, l'établiffement d'un Commiffaire aux Tailles, chargé de la répartition & du recouvrement de plufieurs Paroiffes voifines & limitrophes les unes des autres, dont la réfidence fera au centre de fon arrondiffement. C'eft à ce même Commiffaire que je confie le dépôt particulier des états des fonds, Procès-verbaux d'induftrie, feuilles de relevé, & généralement de tout ce qui eft analogue à fes fonctions. C'eft lui qui fera chargé de la correfpondance de chaque Communauté avec l'Intendant, les Adminiftrations Provinciales, les Elections, les Receveurs des Tailles, & qui maintiendra l'ordre & l'arrangement des Cadaftres & des Procès-verbaux.

De la forme des Rôles & de la perception des Impofitions.

Je crois avoir démontré, de la manière la plus évidente, combien la Collecte étoit nuifible aux campagnes, & à ceux qui en faifoient les fonctions. J'en demande la fuppreffion ; &

propose, pour la remplacer, des Commissaires aux Tailles (1), qui ne coûteront rien de plus au Roi ni aux Paroisses.

Les Règlemens de 1517, 1634 & 5 Décembre 1724, ont attribué aux Collecteurs six deniers pour livre du recouvrement des impositions dont ils sont chargés. Ils en ont joui, & en jouissent encore. En les supprimant, je laisse subsister ce droit en faveur du Commissaire aux Tailles. Je lui donne dix-neuf à vingt Paroisses dans un arrondissement de deux à trois lieues ; & si l'ensemble rend au Roi soixante mille livres, il aura en appointemens quinze cents livres pour lui & son Commis. Cette somme paroîtra peut-être modique (2) ; mais je puis assurer qu'elle est très-suffisante dans les Provinces éloignées.

Ce Commissaire sera chargé tous les ans de se transporter dans ses Paroisses pour faire ses vérifications, & constater les mutations qui sont arrivées dans les différens numéros du Cadastre, & dans le Procès-verbal de la Taille personnelle.

La forme de ses Rôles doit être très-simple, & suivre la marche des feuilles de relevé, en commençant par l'Eglise, & suivant de proche en proche toutes les habitations qui existent dans la Paroisse.

---

(1) On peut substituer à ce nom tel autre qu'on jugera à propos. Mais je dois prévenir que cet homme ne doit avoir aucune espèce d'autorité sur les Taillables, ni faire aucune imposition de son chef.

Rédiger les Rôles d'après le Cadastre & le Procès-verbal de Taille personnelle, en percevoir le montant, voilà ses fonctions. Elles sont aussi simples que l'opération. Chaque Habitant, ayant par-devers lui sa feuille de relevé, sait d'avance ce qu'il doit payer, & on ne peut lui donner un sol d'augmentation sans que l'erreur ou la conviction ne soient manifestes.

(2) Il y aura des recettes plus considérables, & les sujets qui se distingueront dans des recettes inférieures y monteront successivement.

Chaque article du Rôle préfente les noms, qualités & demeures du Propriétaire & de l'Exploitant ; la quantité d'arpents, & leur eftimation d'après le Cadaftre. Les objets qui appartiennent aux Nobles & Privilégiés exempts de Taille, y font également placés comme ceux des Taillables, par fuite d'articles, mais tirés hors ligne & employés pour mémoire feulement (1). On doit établir fur les Rôles deux taxes différentes, la réelle & la perfonnelle : cette dernière eft fixée comme je l'ai dit, au fol pour livre du revenu du Taillable ; & la réelle ne doit s'impofer qu'après avoir diftrait le produit de la perfonnelle : c'eft-à-dire que fi l'impofition totale de la Paroiffe monte à trois mille livres, & que la Taille perfonnelle faffe un objet de cinq cents livres, on doit diftraire ces cinq cents livres, & ne plus répartir au marc la livre fur les fonds que les deux mille cinq cents livres reftans.

Le marc la livre doit être non-feulement à la tête du Rôle, mais il faut qu'il foit rendu public, afin que chaque Taillable puiffe faire lui-même fa répartition fur la feuille de relevé qu'il a pardevers lui. Ainfi il ne peut y avoir ni plaintes ni procès.

Quant à la forme de la perception, elle eft bien fimple. Auffi-tôt que le Commiffaire aura fait fes Rôles, qu'ils feront vérifiés & rendus exécutoires, il en fera lecture aux Contribuables affemblés, & leur diftribuera à chacun un billet imprimé du montant de leur impofition. Il les avertira qu'ils doivent la payer dans le courant de l'année en quatre paiemens égaux, de trois mois en trois mois fans délai, fous peine

---

(1) On trouvera dans mon Ouvrage un efpèce de Code en 125 Articles, contenant les différentes exemptions, tant en Taille réelle que perfonnelle, dont doivent jouir, dans le plan d'un Cadaftre général, toutes les efpèces de Privilégiés qui exiftent dans le Royaume, à commencer par les plus Grands de l'Etat.

d'y être contraints comme pour deniers dûs à Sa Majesté.

Si le Taillable, un mois après l'échéance du premier quartier de son imposition, n'y a pas satisfait, le Commissaire sera autorisé à le prévenir par un billet, qu'à défaut de paiement sous huitaine, il y sera contraint par les voies ordinaires. Ce billet sera remis par le Porteur d'ordre à qui il sera dû cinq sols, lesquels seront retenus sur le premier payement, sans qu'il soit permis d'exiger une plus grosse somme pour cet objet, à peine de concussion.

Le délai de huitaine expiré, le Commissaire formera un état des Contribuables en retard, qu'il signera, & qu'il enverra aux Officiers de l'Election, pour en obtenir une contrainte dans les formes prescrites par les Règlemens. Mais ces voies rigoureuses ne doivent s'employer que dans le cas où il y auroit à craindre pour les recouvremens ; & l'on doit se prêter aux circonstances où se trouvent les Laboureurs, qui souvent ont besoin de quelques délais pour la vente de leurs denrées.

Que l'on compare cette manière de recouvrer avec celle des Collecteurs, & l'on restera convaincu qu'elle équivaudra pour les Habitans à un bénéfice de plus de trois cents pour cent.

Le Commissaire sera tenu de remettre régulièrement tous les mois, entre les mains du Receveur des Tailles, le montant des sommes qu'il aura perçues de chaque Paroisse. Il en prendra des quittances particulières pour chaque Communauté, & pour chaque nature d'imposition (1) ; & tous les ans il donnera au Syndic de chacune de ses Paroisses un

---

(1) Il est aisé de sentir combien il est facile de réduire à une seule, toutes les impositions accessoires de la Taille, sans altérer leurs différentes destinations.

duplicata de la quittance finale, visée par un Officier de l'Election, & en retirera, à son tour, une reconnoissance qui constatera cette remise.

SECTION QUATRIÈME.

OBJECTIONS CONTRE MON OUVRAGE.

JE prévois que la proposition que je fais d'un Cadastre, m'attirera beaucoup de contradicteurs. Mais comme je n'ai d'autres vues que le bien public ; loin de redouter la censure, j'invite tous les Citoyens instruits à faire contre mon opération toutes les objections dont ils la croiront susceptible. Ce n'est que par le choc des opinions contraires que la vérité se fait appercevoir, & c'est elle seule que je cherche.

JE me persuade que j'ai répondu d'avance dans mon Ouvrage à toutes les objections qu'on pourroit me faire. Cependant je vais rapporter dans ce Précis celles qui m'ont paru se présenter avec quelque avantage. J'ose croire qu'on sera satisfait de mes réponses.

PREMIÈRE OBJECTION.

Le Cadastre peut avoir lieu pour les Campagnes, mais doit-on l'appliquer aux Villes ?

J'AI établi dans neuf Villes, & avec succès, le Cadastre que je propose. Cependant je pense, d'après ma propre expérience, qu'il n'est applicable, avec une véritable solidité, qu'aux Paroisses, Villages, Bourgs non murés, & à tous les biens fonds qui sont dans le Royaume hors de l'enceinte des Villes.

1°. Les maisons, qui dans les Villages n'ont presque point de valeur, font dans les Villes un revenu réel pour les propriétaires. Mais leur estimation est sujette à des variations infinies. Aujourd'hui un bâtiment qui tombe en ruine ne rapporte que deux cents livres: l'année suivante il est réédifié, & produit cent pistoles. Il faudroit donc chaque année faire une nouvelle estimation, ce qui ne peut convenir à un Cadastre où tout doit être stable.

2°. Quant à la Taille personnelle, on sait que les Villes sont particulièrement le siége de l'industrie & du commerce, mais qu'elles le sont aussi de la jalousie, sur-tout entre personnes de la même profession. Comment s'assurer des facultés réelles d'un particulier ? Si vous consultez ses Concitoyens, guidés par l'extérieur d'aisance du Taillable, & souvent par une jalousie de concurrence, ils donneront de fausses déclarations, & feront tomber dans l'erreur.

Cependant les Villes doivent, comme les Campagnes, supporter les impositions. Je vais dire ce que je pense sur cette matière que je n'ai point dû faire entrer dans mon Plan. On rejettera mes idées si elles paroissent ne pas convenir.

Plusieurs Villes & gros Bourgs se sont rédimés des impositions réelles & personnelles, pour tous les objets enclavés dans leur enceinte, en les convertissant en un droit d'entrée, qui se paie sur un tarif à raison des marchandises, denrées, meubles & autres objets qui y entrent & qui s'y consomment. Cette méthode présente tous les avantages de l'égalité.

1°. Le recouvrement s'en fait sans frais, & l'impôt entre net dans les coffres du Roi, à la déduction seulement des gages des Commis aux barrières chargés de la recette : & si cette recette excède l'impôt exigé, ce surplus, avec l'agrément du

Conseil, peut s'appliquer au soulagement des pauvres, à la commodité & à l'embellissement des Villes.

2°. Les impositions sur la consommation des denrées & marchandises, lorsqu'elles sont modérées, sont toujours les moins onéreuses au Peuple, parce qu'il les paie imperceptiblement & journellement.

3°. Elles sont plus justes, en ce que chacun paie au prorata de ses facultés, & que le riche & le pauvre consommant l'un peu, & l'autre beaucoup, chacun se trouve avoir été imposé en raison de sa fortune.

Les droits, qui se paient ainsi dans les Villes, ne sont pas entièrement à la charge de leurs Habitans. Les étrangers, les voisins, & tous ceux qui y viennent acheter des marchandises, contribuent à ces sortes de taxes, parce que celui qui a avancé son argent aux entrées, a soin de se le faire rendre par l'acheteur.

Je dois observer ici que les grains, qui servent à la nourriture de l'homme, ne peuvent être taxés, de peur que leur cherté n'occasionne la disette & les murmures.

Cette manière d'imposer s'emploie avec tout le succès possible en Angleterre, en Hollande, en Prusse, & même en France dans les Villes qui sont tariffées. Elles n'entendent parler ni de collecte, ni de garnison, ni de procès. L'Habitant paie sans murmure & avec plaisir, parce que l'impôt est doux & insensible, & qu'il dépend de la volonté du Consommateur.

DEUXIÈME OBJECTION.

Deux domaines de même valeur & estimés sur le même pied par les Experts, rendent quelquefois aux deux Propriétaires, à l'un beaucoup & à l'autre très-peu, en raison de leur plus ou moins d'intelligence. Dès-lors l'égalité n'est plus observée.

Je n'aurois pas rapporté ici cette objection, si elle ne m'eût été

été faite par un homme qui a rempli des places diſtinguées dans l'Etat. Deux frères, me dit-il, partagent par égale portion les héritages de leur père. L'un, actif, trouve le moyen de tripler ſon revenu; l'autre, moins laborieux, retire à peine le revenu auquel on a évalué ſon domaine : eſt-il juſte dès-lors que ce dernier paie les mêmes contributions que ſon frère ? Je lui répondis que ſi j'étois chargé de l'Adminiſtration, je récompenſerois le premier, comme un Citoyen utile, & punirois l'autre, comme un lâche ſoldat qui abandonne ſon poſte en tems de guerre.

Dans le Plan du Cadaſtre, les terres doivent être eſtimées d'après le prix des fermes, & ſur le pied d'une culture ordinaire, afin qu'il puiſſe reſter de l'encouragement à l'induſtrie. Si au lieu de dix livres, un particulier retire quarante livres d'un arpent, tant mieux pour lui, & tant mieux pour l'Etat: l'abondance de ſes récoltes enrichit le Royaume, & ſon exemple excite l'émulation. Je le répète, c'eſt un homme qu'on doit récompenſer, bien loin de le punir. Le pareſſeux, au contraire, qui abandonne ou qui néglige la culture de ſes terres, manque à la Société en la privant des reſſources qu'elle a droit d'attendre des productions de ſon terrein. Il ne mérite aucune indulgence ; & ſi les gens de cette claſſe étoient favoriſés, ce feroit ouvrir une porte aux abus les plus dangereux.

Ceux qui ont prétendu que l'induſtrie ne devoit point être taxée, ont eu raiſon, mais c'eſt dans ce ſens ſeulement. L'arpent de terre eſt eſtimé dix livres, le propriétaire en retire quarante; ces trente livres ſont le fruit de ſon induſtrie : & l'impoſer en raiſon de cet excédent, feroit un procédé auſſi injuſte que deſtructeur.

*K

TROISIÈME OBJECTION.

La Carte Géométrale est-elle nécessaire pour la perfection du Cadastre de chaque Paroisse ?

L'ON a dû voir que le Cadastre n'est autre chose qu'un Procès-verbal qui contient l'arpentage & l'estimation de tous les objets quelconques qui se trouvent enclavés dans une même Paroisse. S'il étoit possible de joindre à ce Cadastre un Plan géométral de cette Paroisse, détaillé pièce par pièce, numéro par numéro, tel que celui qui est dans mon second Volume, l'Ouvrage seroit, sans doute, plus régulier & plus intéressant. Chacun y trouveroit toutes les surfaces, proportions géométriques, & natures de ses héritages. Le Prince y verroit par détail toutes les parties de son Royaume, & jusqu'aux objets de la moindre importance : rien n'échapperoit à ses recherches. Les Intendans & les Tribunaux y vérifieroient facilement toutes les contestations qui pourroient naître en raison des contenances de chaque terrein : il seroit sur-tout très-précieux aux Seigneurs fonciers pour la redevance de leurs censives, la conservation de leurs droits, l'application de leurs titres, leurs mouvances, leurs directes, & enfin pour tous leurs droits Seigneuriaux. Mais les cartes seroient coûteuses & entraîneroient le double de la dépense.

JE propose un travail économique ; & j'assure que le Cadastre, exécuté d'après mes principes, doit suppléer au Plan géométral, & présente la même solidité. Depuis que j'ai établi le Cadastre, mon opération (quoique moins régulière que celle que je présente) est saine & entière, & elle peut se maintenir plusieurs siècles, si l'on a l'attention de suivre l'ordre que j'ai prescrit dans les mutations par suite de numéros. Pour s'en convaincre, il ne faut que se former une idée exacte d'un Procès-verbal de Cadastre.

Ce Procès-verbal commence, comme je l'ai déja dit, par l'Eglise, qui fait son premier numéro. Il se continue du deuxième au troisième, &c. par une chaîne qui les lie les uns aux autres, & vient finir où il a commencé. Chaque numéro contient le nom de la pièce de terre, sa nature, sa contenance, son estimation, ses confrontations orientalement, le nom du Propriétaire, sa demeure, le titre qui justifie sa jouissance, & enfin tout ce qu'il est possible de désirer sur cette pièce de terre. Les numéros des maisons, fermes, moulins, &c. indiquent l'état, le commerce du Propriétaire, ses enfans, ses bestiaux, ses facultés, à quel titre il possède, si c'est par achat, partage, licitation, échange, &c. Les pièces qui aboutissent aux limites de la Paroisse sont arpentées suivant ces limites, sans anticiper sur celles des autres Paroisses, & celles-ci sont distinguées de manière à pouvoir être reconnues dans tous les tems. Enfin, ce Procès-verbal offre, sous chaque N°., tous les droits, rentes, agriers, champarts, dîmes, &c. qui y sont annexés, ainsi que les forêts, les communes & les biens abandonnés.

Il est donc très-possible de se passer d'un Plan géométral, puisque ce Procès-verbal présente, par écrit, tout ce que la Carte peut offrir aux yeux. Cependant, je ne puis en disconvenir, il seroit la perfection de l'Ouvrage.

QUATRIÈME OBJECTION.

L'établissement d'un Cadastre général exigera un temps & des dépenses considérables.

Je suis en état de démontrer par un calcul, aussi simple que vrai, que neuf années doivent suffire pour l'établissement de l'opération dans tout le Royaume.

Pour y parvenir, il ne faut, par chaque (1) Généralité, que seize Arpenteurs & quatre Experts. Ces vingt personnes suffisent, & j'en ai pour garant ma propre expérience.

Quant aux frais, voici ce qu'il en a coûté pour cadastrer cent quatre-vingt Villes & Paroisses.

J'ai fait arpenter & estimer tout ce qu'elles contenoient ; mis les pièces par ordre de numéros ; tiré le revenu de chaque nature d'héritage d'après leur contenance & leur estimation ; dépouillé tous ces numéros sur des feuilles de relevé ; additionné les contenances de l'estimation & du terrain ; fait les vérifications générales & particulières ; les cahiers des rôles ; fourni, au Bureau de l'Intendance, des copies des cadastres, feuilles de relevé & récapitulation, le tout montant à huit cents trente cahiers non reliés, deux cents quarante volumes in-folio reliés, & plus de deux cents porte-feuilles contenans les feuilles de relevé de chaque Paroisse.

Pour tous ces objets, il n'en a coûté que quatre sols six deniers par arpent, faisant, pour cent trente mille arpens que contenoient les cent quatre-vingt Villes & Paroisses, la somme de vingt-neuf mille deux cents cinquante livres.

Sur cette somme ont été payés les Commis, Arpenteurs, Experts, Imprimeurs, Relieurs, & tous les frais tant de Bureau que de voyages. Ainsi, il en a coûté à chaque Paroisse environ cent soixante-trois livres du fort au foible (2). Encore cette dépense

---

(1) Il n'est point de Généralités où il ne s'en trouve quatre fois plus, mais il est très-essentiel de ne choisir que ceux qui ont les qualités que j'ai recommandées.
(2) Dans la Provence, le Languedoc & le Dauphiné on exige 2600 liv. pour cadastrer une Paroisse, & pour faire une mauvaise opération.

n'a pas été à leur charge. Au fur & à mesure que je cadastrois une Paroisse, je donnois le montant des frais à l'Intendant, qui étoit autorisé à diminuer cette somme sur son imposition, & à la reverser sur le reste de la Généralité. Chaque Paroisse a passé à son tour, & tout s'est trouvé fait, sans qu'il en ait coûté au Roi, & sans que ce reversement ait été sensible à chaque particulier (1).

Je suppose chaque Paroisse du Royaume l'une dans l'autre de 1000 arpents de terrein utile. Comme les denrées sont augmentées, au lieu de 4 sols 6 deniers, je propose de donner 5 sols (2) par arpent. Il en résultera donc une dépense pour chaque Paroisse de 250 liv. Sur un particulier qui possède une étendue de 100 arpents, il y en a cinquante qui n'en ont pas 4. Ainsi, le riche payera 25 livres, & le pauvre 20 sols. Combien dans cette dernière classe (certainement la plus nombreuse) qui n'ont qu'un arpent, & quelquefois même le tiers ou le quart ! En est-il un seul, à moins qu'il ne soit ennemi de lui-même ou de l'Etat, qui refuse une cotisation aussi modique pour un objet aussi important, & qu'il ne sera jamais, ni lui, ni les siens, dans le cas de payer une seconde fois ?

Je dois encore observer qu'il ne doit être rien payé pour le mesurage des Forêts du Roi, des Seigneurs & des Particuliers, si leurs contenances sont constatées par des Plans géométriques,

---

(1) A peine avois-je fait cadastrer la première Paroisse, qu'il y en eut plus de soixante dont les Habitans demandèrent, par des Actes Capitulaires, que les leurs le fussent aussi, à leurs dépens, avec la soumission de payer tous les uns pour les autres solidairement les frais de leur Cadastre. Il ne s'en est pas opéré une seule sans que le général des Habitans ne l'ait requis, toujours avec la même soumission solidaire.

Si le Gouvernement autorisoit le Cadastre général dans le Royaume, il y auroit très-peu de Communautés dont les Habitans ne fissent un pareil sacrifice.

(2) Avec cinq sols de plus, on aura le Plan géométral de chaque Paroisse.

Procès-verbaux des Officiers des Maîtrises, Juges Gruyers, ou actes de publicité. Leurs contenances approuvées & ratifiées par les Communautés, seront placées dans les Cadastres suivant leur position, avec leurs confrontations, conformément aux autres pièces d'héritages des Paroisses.

TEL est le plan d'un travail qui a toujours été désiré, quelquefois tenté, mais jamais parfaitement exécuté, parce qu'on n'a connu ni les vrais principes, ni les véritables moyens de l'établir. Je souhaite sincèrement qu'il soit vu, examiné & sévèrement discuté dans toutes ses parties. Je le répète, je n'y réclame personnellement d'autre avantage que celui d'avoir pu être utile à ma Patrie. Dans les lieux qui avoisinent le Siége de la Royauté, tout paroît tranquille ; tout s'y présente sous un aspect riant : c'est dans les Provinces éloignées, c'est au fond des Campagnes, & sous les toits de leurs Habitans, que résident la misère & le désespoir. Qu'on entre dans leurs chaumières, on en trouvera sans vêtemens, manquant des choses de première nécessité. On en verra qui impitoyablement dépouillés par le Collecteur & ses Satellites, du fruit de leur foible récolte, sont obligés d'abandonner leurs femmes & leurs enfans pour aller chercher ailleurs leur subsistance. Combien de fois n'ai-je pas été témoin de ces tableaux affligeans ! C'est pour parvenir à adoucir leur misère que j'ai entrepris cet Ouvrage ; & j'ose assurer, avec cette confiance qui naît de la conviction, que s'il est exécuté, il produira tout-à-la-fois le bonheur des Sujets & celui du Monarque.

LES Peuples seront heureux, parce que délivrés de la Taille arbitraire, leur imposition sera proportionnée à leur fortune réelle : qu'ils ne craindront plus ni injustices, ni vexations, ni procès : qu'après avoir payé leur taxes, ils jouiront librement & paisiblement du fruit de leurs travaux : qu'ils pourront donner à l'Etat des Citoyens qui ne leur reprocheront plus leur exiſtence : qu'ils feront libres d'élever des beſtiaux, de cultiver leurs héritages, & de donner l'eſſor à leur induſtrie, fans appréhender de furcharges, & fans avoir à redouter les effets de la jalouſie de leurs voiſins, & de la haîne qui en eſt la fuite ordinaire : parce qu'enfin ils vivront dans l'aiſance, & qu'ils verront le vœu, ſi digne du cœur d'Henri IV, réaliſé par le Prince bienfaiſant qui nous gouverne.

Si le Cadaſtre bien établi fait le bonheur des Sujets, quels avantages n'en doit pas retirer le Monarque ! Il lui mettra ſous les yeux le Tableau fidèle & exact des forces & des richeſſes de tout le Royaume ; celui de chaque Généralité, de chaque Election, de chaque Paroiſſe, & enfin de chaque particulier. Il lui préfentera la ſituation reſpective des Provinces. Il lui fera connoître quels font les avantages ou les vices qui contribuent ou qui nuiſent à leur population & à leur fortune : il lui offrira le dénombrement le plus exact de tous ſes Sujets. Avec la connoiſſance parfaite de tous les revenus, il ſaura ce qu'il doit exiger d'impoſitions, & les reſſources que l'Etat peut lui fournir dans des circonſtances embarraſſantes. Il lui ſuffira de régler chaque année le marc la livre de l'impoſition, & il fera aſſuré que la taxe ſera uniforme d'une extrémité du Royaume à l'autre, & que l'Habitant de la Champagne paiera dans la même proportion que celui du Bearn, chacun en raiſon de ſes facultés. Il eſt une infinité d'autres avantages qui en réſulteront ; ils font trop ſenſibles pour qu'ils échappent au Gouvernement.

F I N.

APPROBATION DU CENSEUR.

J'AI lu, par ordre de Monseigneur le Garde des Sceaux, un Mémoire ayant pour titre : *Précis sur l'établissement d'un Cadastre dans tout le Royaume*, par M. D. T. D. V. La Province dans laquelle l'Auteur dit avoir fait l'essai de son Plan, & les Administrateurs sous lesquels il l'a exécuté, ont dû juger du degré de son utilité. Au surplus, l'Auteur désirant le faire connoître par la voie de l'impression, & le soumettre par ce moyen à la discussion publique, je déclare n'avoir rien trouvé dans cet Ouvrage qui m'ait paru pouvoir en empêcher l'impression. A Paris, ce 28 Août 1780.

CADET DE SAINEVILLE.

PRIVILEGE DU ROI.

LOUIS, PAR LA GRACE DE DIEU, ROI DE FRANCE ET DE NAVARRE : A nos amés & féaux Conseillers, les Gens tenant nos Cours de Parlement, Maîtres des Requêtes ordinaires de notre Hôtel, Grand-Conseil, Prévôt de Paris, Baillifs, Sénéchaux, leurs Lieutenans Civils, & autres nos Justiciers qu'il appartiendra : SALUT. Notre Amé le sieur D. T. D. V., Nous a fait exposer qu'il désireroit faire imprimer & donner au Public un Ouvrage de sa composition, intitulé : *Précis sur l'établissement du Cadastre dans tout le Royaume*, s'il Nous plaisoit lui accorder nos Lettres de Permission pour ce nécessaires. A CES CAUSES, voulant favorablement traiter l'Exposant, Nous lui avons permis & permettons par ces Présentes, de faire imprimer ledit Ouvrage autant de fois que bon lui semblera, & de le faire vendre & débiter par-tout notre Royaume, pendant le tems de cinq années consécutives, à compter du jour de la date des Présentes. Faisons défenses à tous Imprimeurs, Libraires, & autres personnes, de quelque qualité & condition qu'elles soient, d'en introduire d'impression étrangère dans aucun lieu de notre obéissance. A la charge que ces Présentes seront enregistrées tout au long sur le Registre de la Communauté des Imprimeurs & Libraires de Paris, dans trois mois de la date d'icelles ; que l'impression dudit Ouvrage sera faite dans notre Royaume, & non ailleurs, en bon papier & beaux caractères, que l'Impétrant se conformera en tout aux Réglemens de la Librairie, & notamment à celui du 10 Avril 1725, & à l'Arrêt de notre Conseil du 30 Août 1777, à peine de déchéance de la présente Permission ; qu'avant de l'exposer en vente, le Manuscrit qui aura servi de copie à l'impression dudit Ouvrage, sera remis dans le même état où l'Approbation y aura été donnée, ès mains de notre très-cher & féal Chevalier, Garde des Sceaux de France, le Sieur HUE DE MIROMESNIL ; qu'il en sera ensuite remis deux Exemplaires dans notre Bibliothèque publique, un dans celle de notre Château du Louvre, un dans celle de notre très-cher & féal Chevalier Chancelier de France, le Sieur DE MAUPEOU, & un dans celle dudit Sieur HUE DE MIROMESNIL ; le tout à peine de nullité des Présentes : du contenu desquelles vous mandons & enjoignons de faire jouir ledit Exposant, & ses ayans-cause, pleinement & paisiblement, sans souffrir qu'il leur soit fait aucun trouble ou empêchement. Voulons qu'à la copie des Présentes, qui sera imprimée tout au long, au commencement ou à la fin dudit Ouvrage, foi soit ajoutée comme à l'Original. Commandons au premier notre Huissier ou Sergent sur ce requis, de faire, pour l'exécution d'icelles, tous actes requis & nécessaires, sans demander autre permission, & nonobstant clameur de Haro, Charte Normande, & Lettres à ce contraires : Car tel est notre plaisir. Donné à Paris, le quinzième jour du mois de Novembre, l'an de grace mil sept cent quatre-vingt, & de notre Règne le septième. Par le Roi, en son Conseil, LE BEGUE.

Registré sur le Registre XXI de la Chambre Royale & Syndicale des Libraires & Imprimeurs de Paris, No. 2210 fol. 472, conformément aux dispositions énoncées en la présente Permission ; & à la charge de remettre à ladite Chambre les huit Exemplaires prescrits par l'article CVIII du Règlement de 1723. A Paris, ce dix Avril 1781. QUILLAU, Adjoint.

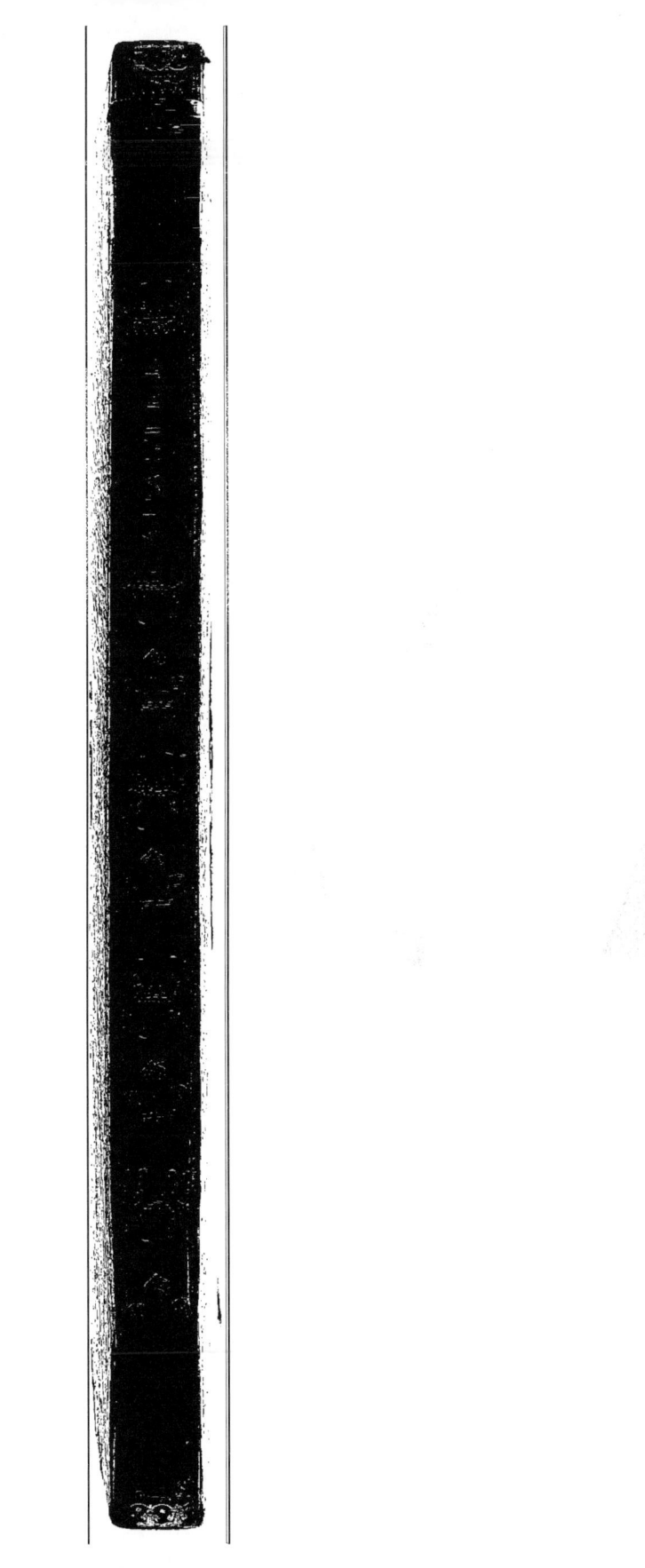